이유를 알고 재미를 찾는 42가지

초등 공부 미션

글 사이토 다카시 | 옮김 박선정

나무말미

공부는 왜 하는 걸까요?

 이 책을 읽기 전과 읽고 난 후의 여러분은 분명 다른 사람이 되어 있을 거예요. 어떤 것을 알기 전과 알고 난 후에는 사물을 보는 방식이 달라지거든요. 그게 바로 공부를 하는 이유예요.
 저는 중학교와 고등학교 6년 동안 영어를 배웠어요. 영어를 배운 이후에는 영어로 된 책을 읽을 수 있게 되었고 영어로 글을 쓸 수도 있게 되었지요. 아는 것이 많아지고, 할 수 있는 게 늘어난다는 건 참 재미있는 일이에요. 배움을 통해 점점 성장하는 자신을 볼 수 있기 때문이지요. 초등학교와 중학교 때는 살아가는 데 필요한 기본 상식을 배우는 시기예요. 이때 배워 둔 것들은 평생의 보물이 돼요.
 저는 이 책을 통해 학교에서 여러분이 다양한 교과목을 배우는 이유에 대해 소개하려고 해요. 왜 학교에서 그렇게 많은 과목을 배워야 하는지,

그리고 그것들이 여러분에게 어떤 도움이 되는지 구체적으로 살펴볼 거예요.

시험 점수로 결과가 나타나는 '학교 공부' 외에도, 점수를 매길 수 없는 의지력, 끈기, 배려심 같은 튼튼한 마음 역시 앞으로 여러분이 살아가는 데 큰 힘이 되는 것들이에요. 이 책의 뒷부분에서 이러한 '마음 공부'에 대해서도 함께 살펴볼게요.

어쩌면 여러분 중에는 '공부는 너무 어려워.', '왜 이렇게 많은 걸 배워야 하는 거야?'라고 불만을 갖거나, 아니면 '나같이 공부 못하는 아이는 아무짝에도 쓸모가 없을 거야.'라고 생각하는 사람이 있을지도 몰라요. 하지만 속는 셈 치고 한번 여러 과목에 도전해 보고 공부해 보세요.

평소 어렵게 느껴졌던 과목, 잘하지 못했던 과목에 도전해서 공부해

두면 나중에 생각지도 못한 때에 큰 도움이 될 거예요. 배운 것들은 절대 헛되지 않아요. 언젠가는 다 쓸모가 있어요. ==가장 중요한 건 열심히 배우려는 마음가짐이에요.==

이해하기 쉽게 '공부'를 식물에 비유해 볼까요?

정원에 나무 모종을 심는다고 생각해 보세요. 나무 모종을 딱 한 종으로만 심었는데 그 모종이 정원의 토양과 맞지 않는다면 어떻게 될까요? 아마도 그 나무는 잘 자라지 못하고 시들어 버리고 말 거예요. 그런데 ==나무 모종을 다섯 가지, 열 가지, 열다섯 가지 등으로 다양하게 심으면 어떨까요? 그중 몇 개는 아주 크고 멋진 나무로 자라날 확률이 높겠지요.==

학교 공부뿐만 아니라 여러 가지 배움 활동도 마찬가지예요. ==모두 잘하지 못해도 괜찮아요. 우선은 다양한 나무를 키우듯 여러분의 다양한==

==능력을 키워 보는 거예요.== 그중에서 '이건 내가 잘할 수 있을 것 같아!'라는 생각이 드는 분야를 찾으면, 그쪽을 전문적으로 공부하는 학교로 진학할 수 있어요. 또 자신의 특기를 살릴 수 있는 직업을 선택하는 등 장래 희망과 연결해서 생각할 수도 있고요.

==여러분이 앞으로도 꾸준히 계속하고 싶고, 계속할 수 있다고 생각되는 것이 바로 키도 크고 탐스러운 열매를 맺을 나무라고 생각하면 돼요.==

이 책을 통해서 여러분이 배움의 중요성과 필요성에 대해 깨닫게 되는 계기가 되기를 바라요.

차례

공부는 왜 해야 할까요? 2

학교 교과목, 왜 배우는지 알면 재미가 생겨!
1. 국어는 왜 배우는 걸까요? 10
2. 사회는 왜 배우는 걸까요? 16
3. 수학은 왜 배우는 걸까요? 22
4. 과학은 왜 배우는 걸까요? 28
5. 음악은 왜 배우는 걸까요? 34
6. 미술은 왜 배우는 걸까요? 40
7. 실과는 왜 배우는 걸까요? 46
8. 체육은 왜 배우는 걸까요? 52
9. 도덕은 왜 배우는 걸까요? 58
10. 영어는 왜 배우는 걸까요? 64
11. 창의적 체험 활동 시간은 왜 있는 걸까요? 70
12. 학교 자율 활동 시간은 왜 있는 걸까요? 76

마음가짐, 왜 중요한지 알면 공부하는 힘이 생겨!

1. 의지력은 왜 중요한 걸까요? ··· 84
2. 끈기는 왜 중요한 걸까요? ··· 90
3. 준법성은 왜 중요한 걸까요? ·· 96
4. 협조성은 왜 중요한 걸까요? ······································· 102
5. 상상력은 왜 중요한 걸까요? ······································· 108
6. 회복 탄력성은 왜 중요한 걸까요? ································· 114
7. 매니지먼트 능력은 왜 중요한 걸까요? ···························· 120
8. 배려심은 왜 중요한 걸까요? ······································· 126
9. 고독력은 왜 중요한 걸까요? ······································· 132

나 자신을 위해 공부해요 ·· 138
초등 공부 미션 도전! ··· 142

학교 교과목,
왜 배우는지 알면
재미가 생겨!

'국어나 수학은 왜 배워야 하는 걸까?'라는
생각을 해 본 적이 있나요?
학교에서 여러 과목을 배우는 이유를 알아보아요.

각 과목에 대한 설명 뒤에
공부가 더욱 재미있어지는
'미션'이 있어요.
한번 도전해 보세요.

1
국어는
왜 배우는 걸까요?

○ 말의 색깔이 풍부해지니까!

저는 일본 NHK의 교육 채널에서 〈일본어로 놀자〉라는 프로그램의 종합 지도를 맡고 있어요. 아이들에게 일본어의 다양한 표현과 말재미를 알려 주는 이 프로그램을 진행하면서 저는 일본어를 더욱 사랑하게 되었어요. 여러분도 국어를 공부하면 자기 나라의 말이 얼마나 우수한지 알게 되고 점점 더 국어를 사랑하게 될 거예요.

여러분도 가끔 머릿속에 떠오르는 생각이나 느낌을 말로 표현하기 어려울 때가 있지요? 국어 공부를 열심히 하면 표현하기 어려웠던 생각이나 느낌도 다른 사람에게 잘 전달할 수 있어요. 어휘를 많이 알고 있으면 자신의 감정을 다양하게 표현할 수 있거든요.

어휘력이 부족한 사람은 아무 때나 '대박', '완전 대박' 등과 같은 표현을 반복해서 사용해요. 말은 그 사람이 가지고 있는 '색깔'이에요. 그림을 그릴 때도 12색 물감보다 24색 물감이 있을 때 훨씬 더 알록달록하게 색칠할 수 있겠지요? 자신이 가지고 있는 색이 많아지면 느끼는 감정도 더욱 풍부해져요.

'귀엽다'라는 말밖에 모르는 사람은 모든 걸 '귀엽다'라고 느낄 거예요. 하지만 '사랑스럽다', '깜찍하다', '예쁘다', '기특하다' 등의 단어도 아는 사람은 그때그때 자신이 느끼는 감정이 무엇인지 정확하게 구분해 알아차릴 수 있지요. 그래서 어휘가 사람의 감정을 풍부하게 만들어 준다고 하는 거예요.

온갖 장애를 극복하고 희망의 빛을 전해 준 헬렌 켈러를 아나요? 헬렌 켈러는 보지도 듣지도 말하지도 못하는 삼중고에 시달렸어요.

어느 날, 헬렌 켈러의 스승인 설리번은 차가운 물줄기

를 틀어 헬렌 켈러가 손으로 물을 느끼게 했어요. 그러고는 헬렌 켈러의 다른 쪽 손바닥에 물을 뜻하는 영어 단어인 'water'의 철자를 손가락으로 써 주었어요.

헬렌 켈러는 그때 모든 것에는 이름이 있고 이것이 언어라는 걸 깨달았어요. 그리고 태어나서 처음으로 조금 전에 망가뜨린 인형이 가엾다는 생각이 들었고 미안하다는 감정도 느꼈다고 해요. 언어가 헬렌 켈러의 세계를 넓혀 주고 감정도 풍부하게 만들어 준 거예요.

◉ 의미를 이해하는 힘을 기를 수 있으니까!

국어를 배우면 책을 읽고 이해하는 데 도움이 돼요. 각 문장에서 말하는 바가 무엇인지 그리고 그 문장들이 어떻게 연결되어 있는지 알면 글 전체를 이해할 수 있어요.

문장을 읽고 그 뜻을 이해하는 힘을 독해력이라고 해요. 독해력이 생기면 이 세상을 보는 눈이 달라지고 즐거워져요. 이 세상은 여러 가지 의미로 가득 차 있는데, 독해력이 없으면 알 수가 없거든요.

독해력이 풍부한 사람은 글을 읽고 내용의 뼈대를 찾을 수 있어요. 뼈대를 찾아 연결하면 글의 요약문이 완성돼요. 요약은 글의 중요한 내용을 짧게 줄이는 것인데, 이게 바로 이야기의 줄거리예요.

　글을 요약하는 힘이 생기면 머릿속도 깔끔해져요. 그러면 읽은 책의 내용을 다른 사람에게 이야기하거나 글을 쓰기도 쉬워지지요. 이런 능력은 나중에 커서 일을 할 때도 큰 도움이 돼요.

　사람들은 서로 언어로 연결되어 있어요. 정확히 말하면 '의미'로 연결되어 있지요. 내가 말하고 싶은 의미를 전달하고, 상대방이 말하는 의미를 제대로 이해하는 것이 소통이고, 소통은 인간관계에서 무엇보다 중요해요.

가끔 상대방이 하는 말의 의미를 잘못 이해하고 화를 내는 사람이 있어요. 그래서 ==말할 때는 서로 오해가 생기지 않도록 적절한 표현을 사용하는 것이 중요해요.==

● 국어로 된 문학 작품을 읽으면 생각이 깊어지니까!

　세계 어느 나라나 자기 나라 국어로 된 훌륭한 문학 작품이 많아요. ==문학 작품을 읽으면 작가의 뛰어난 감수성을 통해 사람들이 마음 깊은 곳에서 어떤 생각을 하는지 알게 돼요.==

　일본에는 〈금빛 여우〉라는 동화가 있어요. 장난꾸러기 금빛 여우 '곤'과 '효주'라는 아이의 이야기인데, 저는 이 동화를 초등학교 4학년 국어 시간에 읽었어요.

　곤은 효주가 잡아 놓은 물고기를 장난으로 풀어 주고 달아났어요. 곤은 나중에 효주가 그 물고기를 병에 걸린 어머니를 위해 잡았다는 사실을 알게 돼요. 곤은 사과의 뜻으로 정어리를 효주의 집에 던져 두었는데, 이 때문에 효주가 정어리 도둑으로 의심받아요. 더욱 미안해진 곤은 직접 주운 밤이나 버섯을 효주의 집에 몰래 가져다주기 시작했어요. 그걸 모르는 효주는 곤이 또 장난을 치러 온 거라 오해하고 총을 쏘았는데, 쓰러진 곤 옆에 밤이 한 가득 있는 게 아니겠어요? 그제야 효주는 지금까지 곤이 밤이나 버섯을 가져다 놓았다는 걸 알게 되지요.

이 이야기처럼 서로에 대한 오해 때문에 멀어지고 어긋나는 일들이 우리 일상에서도 자주 일어나요. 저는 동화를 읽고 난 후, 평소에 다른 사람과 소통할 때 오해가 생기지 않도록 노력해야겠다고 생각했어요. 그리고 상대방을 내 마음대로 단정 지으면 안 된다는 것도 깨달았어요. 책을 통해 많은 생각을 하고, 많은 것을 느끼게 되었지요.

국어는 모든 과목의 기본이 되는 중요한 과목이므로, 여러분도 국어를 좋아하게 되길 바라요.

국어가 재미있어지는 미션

➡ 책을 반복해서 읽기
책을 외울 정도로 반복해서 읽어 보세요. 소리 내어 읽는 것도 좋은 방법이에요. 유명한 문장이나 표현을 외워 두면, 나만의 '언어'를 색칠할 물감 색을 늘릴 수 있어요.

➡ 내 의견을 1분 동안 말해 보기
나의 의견을 처음에는 15초 동안 짧게 말해 보세요. 그러다 익숙해지면 시간을 점점 늘려 1분 동안 말해 보세요. 이야기를 정리해서 말할 수 있도록 글을 쓰는 것도 좋아요.

2
사회는
왜 배우는 걸까요?

● 내가 사는 지역에 대해 알게 되니까!

지도를 한번 펼쳐 볼까요? 대한민국이 자리 잡은 한반도는 아시아 대륙 동쪽에 있고, 일본 열도는 동해 건너편에 남북으로 길게 뻗어 있어요. 우선, 내가 태어나서 자라고 있는 지역에 대해 아는 게 중요해요.

저는 일본 시즈오카에서 태어났어요. 그곳에서 고등학생 때까지 살았기 때문에 그 지역에 관해서는 매우 잘 알고 있지요. 시즈오카는 맑은 강이 흐르는 도시로, 녹차와 벚꽃 새우가 특산물로 유명해요.

사회 수업과 관련된 재미난 추억이 하나 있어요. 우리 마을에는 제방이 있었는데, 수업 시간에 이 제방이 17세기에 강물이 넘치는 걸 막기 위해 만들었다는 걸 배웠어요. 그런 다음 운동회 날 친구들과 함께 제방 쌓기 시합을 했었지요. 17세기 사람들처럼 제방을 쌓는 게 정말 재미있어서 지금까지도 생생하게 기억이 나요.

여러분은 '나는 누굴까?'라는 궁금증을 가져 본 적이 있나요? 이 질문에 대한 답은 내가 사는 마을이나 도시, 나라에 관해 아는 것에서부터 출발해야 찾을 수 있어요. 어릴 때 살던 지역, 고향에 대해 배웠던 게 지금 저의 일부가 되었지요.

◉ 역사를 알면 '현재'를 이해할 수 있으니까!

역사는 초등학생 때부터 학교에서 배워요. 제가 우리 마을의 제방에 대해 배운 것도 역사 공부라 할 수 있어요. 과거의 역사가 있기에 비로소 현재가 존재하는 거예요.

일상에서 떠오르는 사소한 궁금증부터 시작해도 좋아요. 예를 들면, 차 마시는 예절은 누가 생각해 낸 건지, 얼굴에 탈을 쓰고 춤추는 탈춤은 언제 생겨난 건지, 또 우리나라 역사상 가장 평화로웠던 시기는 언제인지, 그리고 지금의 대통령제가 아니라 왕이 나라를 다스리는 군주제가 계속되었다면 어떻게 되었을지 등의 궁금증을 해결하기 위해 역사를 공부한다면 역사 공부가 정말 재미있을 거예요.

저는 여러분이 세계사에도 관심을 가졌으면 좋겠어요. 지금까지 세계가 어떻게 만들어졌고 이어지고 있는지, ==역사를 공부하면 오늘날 세계의 상황에 대해서도 알 수 있어요.==

예를 들면 지금 전쟁 중인 나라들은 왜 전쟁을 하는 건지, 전쟁 전에는 서로 어떤 관계였는지, 그리고 전쟁을 그만두게 할 수는 없는지, 이런 문제에 관해서도 알아보고 생각해 보아야 해요.

전 세계 총 193개국이 가입된 '국제 연합(UN)'이라는 단체가 있어요. 국제 연합에는 거부권을 가진 상임 이사국이 있어요. 미국, 영국, 프랑스, 러시아, 중국이 상임 이사국이죠. 이 나라들은 어떤 결정에도 거부권을 행사할 권리가 있어요. 만약 상임 이사국 중 어떤 나라가 전쟁을 일으킨다면 그 누구도 막을 수가 없어요. 전쟁은 왜 일어나는지, 전쟁을 줄이기 위해서는 어떻게 하는 게 좋은지 역사를 공부하면 알 수 있게 돼요.

여러분, 역사책을 많이 읽으세요. ==지금 우리가 해야 하는 일이 무엇인지 역사를 통해 배울 수 있어요.==

○ 사회 구조를 이해할 수 있으니까!

민주주의 국가는 '삼권 분립'의 원리로 정치가 이뤄져요. 삼권 분립이란 무슨 뜻일까요? 앞으로 학교에서 배우겠지만, 입법권·행정권·사법권, 이 세 가지의 권력이 분리되어 있다는 의미예요. 입법권은 국회가 가지고, 행정권은 정부가, 사법권은 법원이 가지지요.

국회 의원들은 국회 의사당이라는 곳에 모여서 법률을

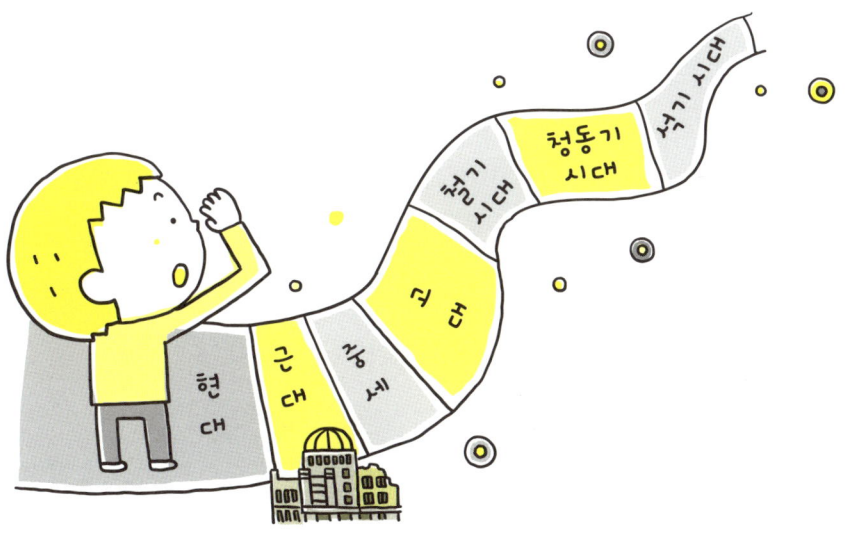

제정해요. 이렇게 만들어진 법률에 기초해서 실질적으로 국가를 운영하는 곳이 정부예요. 대통령을 중심으로 한 정부 각처의 장관들이 회의를 통해 나라를 어떻게 운영할지 결정하지요. 그리고 법원은 법률에 따라 각종 분쟁을 조정하고 해결하는 곳이에요.

만약 법을 만드는 사람과 재판을 하는 사람이 같다면 어떻게 될까요? 또 정치하는 사람들 모두가 자기가 하고 싶은 대로 나라를 운영한다면 어떻게 될까요? 하나의 기관에 모든 권력이 집중되면 그 기관이 자기 마음대로 권력을 휘두를지도 몰라요.

삼권 분립은 프랑스의 계몽주의 정치철학자인 몽테스키외가 주장한 사상인데, 국민의 정치적 자유를 지켜 주는 제도예요.

지금도 지구상의 어떤 나라에서는 정치 권력을 가진 지배자가 자기 생각과 다르다는 이유만으로 다른 사람들을 괴롭히는 일들이 일어나고 있어요. 그래서 우리는 ==인권에 관해서 배움으로써, 국가의 본질과 인간다운 삶이 무엇인지 생각해 보고 이해할 필요가 있어요.==

인간은 혼자서는 살 수 없는 존재이기 때문에 사회를

만들고 그 안에서 살아가요. 학생은 학교에서 공부하고 회사원은 회사에서 일하지요. 이렇게 모두가 각자 맡은 일을 열심히 하면 사회 전체가 잘 굴러가게 돼요.

  사회 과목에서는 지리나 역사, 사회의 구조 등에 대해 폭넓게 배워요. ==여러분도 사회의 일원이에요.== 사회는 나 자신과 내가 속한 세계를 이해하기 위해서 공부하는 과목이랍니다.

사회가 재미있어지는 미션

➡ 내가 사는 지역에 관해 알아보기
내가 사는 지역의 특산물, 유적지 등에 대해 알아보세요. 인터넷으로 검색해도 좋아요. 내가 사는 지역에서 나고 자랐거나 지역과 관련이 있는 역사 인물을 찾아 보는 것도 재미있어요.

➡ 지도 가지고 놀기
지도를 펼쳐 놓고 마음에 드는 나라나 지역을 골라 그곳의 지형이나 기후 등의 자연환경을 알아보세요. 또 어떤 민족이 살며 어떤 자원이 있는지도 공부해 보세요. 국제 뉴스를 보는 시각이 달라질 거예요.

3 수학은 왜 배우는 걸까요?

○ **전 세계 어디에서나 답이 같으니까!**

디즈니 만화 영화 <101마리의 달마시안 개>는 제목에 숫자 1, 0, 1을 사용해요. 맨 왼쪽의 숫자는 백의 자리, 가운데는 십의 자리, 오른쪽 숫자는 일의 자리를 나타내지요. 지금은 이렇게 숫자를 표기하는 방식이 너무나 당연하지만, 사실 0은 다른 숫자들에 비해 훨씬 늦게 발견된 숫자예요. 그래서 《0의 발견》이라는 책도 나왔지요.

우리는 현재 '0, 1, 2, 3, 4, 5, 6……'이라고 표시하는 아라비아 숫자를 사용하고 있어요. 로마 숫자는 I, II, III, IV, V,

VI 등의 기호를 사용하는데 0을 나타내는 기호가 없어요. 그리고 4는 5에서 1을 뺀다는 의미로 왼쪽에 I를 써 IV로 표시하고, 6은 5에 1을 더한다는 의미로 오른쪽에 I를 써 VI로 표시하지요.

옛날에 한국, 일본은 숫자를 한자로 표기했는데, 아라비아 숫자를 들여와 사용하면서 간단하게 숫자를 표기할 수 있게 되었어요.

자, 이번에는 삼각형을 한번 그려 볼까요? 정삼각형은 세 변의 길이가 같고 세 각이 모두 60°지요. 60°인 각이 세 개니까, 세 각의 합을 구하려면 60°×3을 하거나 60°+60°+60°를 해야 하는데, 어떤 식으로 해도 모두 180°라는 답이 나와요. 180°를 셋으로 나누어도 한 각은 60°라는 답이 나오지요.

==수학을 배우면 머릿속이 명쾌해져요. 수학 문제는 답이 확실하게 정해져 있기 때문이에요. 그리고 전 세계 어디에서 누가 풀어도 같은 답이 나오게 되어 있지요.==
혹시 '오늘 기분으로는 3×4=15'라고 말하는 사람이 있을까요? 아마도 없겠지요. 3×4의 답은 누가 어떻게 풀어도 12이지요. 외계인이 문제를 푼다고 해도 마찬가지예요. 수학 문제는 감각이나 기분처럼 사람에 따라 답이 달라지는 게 아니니까요.

● 숫자가 없으면 생활할 수 없으니까!

집을 지을 때는 땅의 넓이나 지하로 땅을 파는 깊이, 기둥의 길이 등을 정확하게 측정해야만 해요. 이 모든 것들은 숫자로 표시하지요.

건물은 철이나 나무, 콘크리트 등으로 만들지만, 저는 '건물은 수학으로 만들어진다.'고 생각해요. 건물을 설계할 때는 여러 가지 계산이 필요하거든요. 수학이 없으면 건물을 지을 수가 없어요.

더 이해하기 쉬운 예를 들어 볼게요. 동네 마트에 가면 계산대에서 물건값을 계산하는 직원이 있지요. 물건의 바코드를 스캔하면 자동으로 총금액이나 거스름돈 등이 기계에 표시돼요. 만약 계산원이 간단한 계산조차 하지 못한다면 어떻게 될까요? 그렇다면 기계에 문제가 생겨서 계산이 잘못되어도 알아차리지 못하고, 간단한 주문도 제대로 처리할 수 없을 거예요.

연산 능력은 실생활에서 매우 중요해요. 예를 들어, 두 개에 1,000원, 세 개에 1,400원인 상품이 있다고 해 보아요. 계산이 빠른 사람은 어느 쪽을 사는 게 이득인지 금방 알 수 있어요.

==수학은 과학 기술은 물론이고, 우리 생활 전반을 지탱하고 있어요.== 그래서 수학 과목을 좋아하지 않는다고 포기해 버리면 너무 많은 것을 놓치게 돼요. 그건 안타까운 일이에요.

● 불필요함을 줄이는 능력을 키울 수 있으니까!

우리는 0에서 9까지의 숫자를 사용하고 있지만, 컴퓨터

는 0과 1, 두 개의 숫자만 사용해요. 이 두 개 숫자로 인공 지능인 AI는 복잡한 계산도 엄청나게 빠른 속도로 처리하지요.

　AI가 바둑이나 장기를 둔다는 얘기를 들어 보았죠? AI 장기 프로그램은 장기를 둘 때 유리한 수를 알려 주고, 둘 때마다 이길 확률이 얼마나 되는지 알려 줘요. 이런 AI 장기 프로그램은 프로 기사들의 우수한 시합 내용을 학습함으로써 만들어져요. AI를 만드는 건 사람이지만, 그 기초가 되는 건 바로 수학이랍니다.

==답이 같더라도, 지름길을 이용해서 답을 빨리 찾는 방법과 멀리 돌아가는 방법이 있어요.==
　예를 들어, (5+7)×5의 답을 구하라는 문제가 있다고 해 볼게요. 먼저, 괄호 안의 5+7을 계산해요. 그래서 얻은 값인 12에 5를 곱하면 두 번의 계산으로 60이라는 답을 얻을 수 있어요.

　하지만, 먼저 괄호 안의 숫자 5와 7에 각각 5를 곱한 다음, 그 값인 25와 35를 더해서 계산하는 방법도 있어요. 그런데 이 방법은 계산을 세 번 해야 하니까 첫 번째 방법보다 조금 멀리 돌아가는 셈이에요. 계산 횟수가 늘어나는 만큼 틀릴 확률도 높아지고요.

==수학을 잘한다는 건 불필요한 것들을 줄이는 힘이 있다는 말과 같아요. 정확하게, 그러면서도 최대한 간단하게 답을 찾아내는 방법이나 길을 찾을 수 있지요.==

저는 수학을 공부한 덕분에 생각을 정리하는 기술이 생겼어요. 여러분도 수학 공부를 통해 머릿속을 명쾌하게 정리하는 힘을 길러 보세요.

수학이 재미있어지는 미션

➡ 생활 속 수학을 찾아 계산해 보기
나와 가족들의 키를 재어 보고 평균값을 구해 보세요. 또, 주사위를 던져서 같은 수가 나올 확률이나 룰렛 게임에서 높은 점수가 나올 확률을 구해 보는 것도 좋아요.

➡ 도형 가지고 놀기
종이에 삼각형이나 사각형을 그리고, 각 내각을 재어 보고 내각의 합도 구해 보세요. 크기가 다양한 원을 그리고 원의 지름을 구해 보는 것도 좋아요. 그리고 어떤 규칙이 있는지 생각해 보세요.

4
과학은
왜 배우는 걸까요?

○ '놀라운 발견'에 관해 알 수 있으니까!
우리는 과학을 배움으로써 과학자들이 발견한 놀라운 사실들에 관해 알 수 있어요. 요즘은 과학이 매우 빠른 속도로 발전하고 있어서 배우는 내용이 추가되거나 바뀌기도 해요.

저는 초등학교 때 나팔꽃을 키우면서 '광합성'이란 걸 알게 되었어요. 식물이 햇빛을 받으면 이산화 탄소를 흡수하고 산소를 배출하면서 전분과 같은 영양분을 만들어요. 즉, 지구상에 녹색 식물이 줄어들면 이산화 탄소가 많아지고 산소가 줄어들게 되는 거지요. 그렇게 되면 사람이나 동물이 살기 힘든 환경이 되고 말 거예요.

만약 어른이 되어서도 대화 중에 "광합성이 뭐예요?"라고 묻는 사람이 있다면, 아마도 상식이 부족하다는 말을 들을 거예요. 식물의 성장이나 전기의 성질 등 ==초등학교에서 배우는 과학 지식은 우리 생활에 꼭 필요한 기본적인 내용이 많아요.==

==저는 여러분에게 도감이나 백과사전을 보는 것을 추천해요.== 도감은 생물들이 어떻게 살아가는지, 우주는 어떻게 이루어져 있는지에 대해 사진이나 그림을 이용해 설명해 줘요. 초등학교 수업에서 배우지 않지만 흥미를 갖고 볼 만하지요.

혹시 우주가 점점 팽창하고 있다는 이야기를 들어 본 적 있나요? 최초 우주에 '빅뱅'이라는 대폭발이 일어났고, 그 이후로 지금까지도 우주가 계속 팽창하고 있다는 이론이에요. 그런데 그런 사실을 어떻게 알 수 있을까요? 백과사전을 보다 보면 '암흑 물질'이나 '암흑 에너지'와 같은 용어를 볼 수 있을 거예요. '암흑'이란 어둡고 아직 잘 알려지지 않은 물질을 의미해요. 그리고 빛을 포함한 그 어떤 물질도 빠져나올 수 없는 '블랙홀'이라는 천체도 있지요. 이쪽 분야는 아직 제대로 밝혀지지 않은 미지의 분야인데, ==과학은 이러한 자연의 신비에 관해 탐구하는 과목이기도 해요.==

○ 주장을 관찰과 실험으로 증명할 수 있게 되니까!

과학 수업에서 가장 재미있는 건 역시 관찰이나 실험이지요.

이탈리아의 물리학자이자 천문학자인 갈릴레오 갈릴레이는 17세기에 망원경을 개발해서 우주를 관측했어요. 그리고 달의 표면에 분화구가 있다는 걸 발견했지요. ==왠지 그럴 것 같다고 추측만 하는 것이 아니라 갈릴레이처럼 정확히 관찰해서 확인하는 것이 중요해요. 그러면 놀라운 사실을 발견하게 될 수도 있거든요.==

==실험도 중요해요.== 예를 들어, 무거운 물체와 가벼운 물체를 동시에 아래로 떨어뜨리면 어떻게 될까요? 왠지 무거운 물체가 지면으로 먼저 떨어질 것 같지 않나요? 고대

그리스의 철학자이자 과학자인 아리스토텔레스도 그렇게 주장했어요. 그리고 그 이후로 아무도 그의 주장을 의심하지 않았어요.

하지만 만약 공기의 저항이 없다면 어떻게 될까요? 이런 의문을 품었던 갈릴레이는 무게와 상관없이 두 물체는 동시에 떨어진다고 주장했고, 여러 가지 실험을 진행했어요.

그리고 400여 년이 지난 1971년, 공기 저항이 없는 달에 착륙한 아폴로 15호의 우주 비행사가 망치와 깃털을 동시에 떨어뜨리는 실험을 진행한 결과, 두 물체가 동시에 바

닥에 닿았어요. 갈릴레이의 주장이 옳았다는 게 드디어 증명된 것이지요.

  저는 초등학생 때 '분동'이라는 추를 사용한 실험을 했어요. 저는 아리스토텔레스의 주장이 옳다고 말했고, 제 친구 스즈키는 갈릴레이의 주장이 옳다고 말했지요.
  선생님께서 분동을 사용해서 실험한 결과, 스즈키가 주장한 갈릴레이의 주장이 옳다는 결론이 나왔어요. 저는 너무 창피해서 쥐구멍에라도 숨고 싶은 기분이었지요. ==실험을 해 보면 정확한 결과를 눈앞에서 바로 확인할 수 있어요. 그게 바로 과학의 매력이에요.==

● 우리 생활을 편리하게 해 주는 기술과 직결되니까!

  지금 우리가 편리하게 생활할 수 있는 건 전기와 관련된 많은 발견과 발명이 있었기 때문이에요. 그 덕분에 지금은 발전소에서 전기를 생산할 수 있게 되었지요. 인간은 물질의 성질을 알아내어 우리 생활에 이용해 왔어요.
  DNA, 세균이나 바이러스의 발견, 엑스레이 사진, 신약 개발, 면역력을 생기게 하는 백신 주사의 개발 등도 마찬가지예요. 과학자들이 연구를 한 덕분에 우리는 우리 몸에 대해 알게 되었고, 우리 몸에 영향을 주는 것들을 발견하고 건강을 지킬 수 있게 되었어요.

일기 예보도 그래요. 과학자들이 기상 현상을 관측하고 예측하는 노력을 한 덕분에 큰비나 많은 눈이 올 때를 대비할 수 있게 됐지요.

==우리 생활을 편리하게 만들어 주는 것들이 과학 연구를 통해 많이 발명되었어요. 현대인들의 생활 대부분은 과학에 의지하고 있다고 해도 틀린 말이 아니지요.==

우리가 지금처럼 편리하고 건강하게, 그리고 안전하게 살아갈 수 있는 건 모두 과학 덕분이에요. 새로운 세계를 여는 가능성이 바로 과학에 있는 거예요.

과학이 재미있어지는 미션

➡ 내 주변에 있는 '전기 찾기 놀이' 해 보기
우리가 사용하는 많은 것들이 전기를 이용하고 있어요. 내 주변에서 전기와 관련 있는 물체나 현상을 찾아 보세요. 전기는 어디에서 오고, 어떻게 만들어지는지 알아보는 것도 좋아요.

➡ 과학자나 발명가 위인전 읽기
진화론을 주장한 다윈, 지동설을 주장한 갈릴레이, 유산균을 발견한 파스퇴르, 전구를 발명한 에디슨, 비행기를 발명한 라이트 형제 등 과학자나 발명가의 위인전을 읽어 보세요.

5
음악은
왜 배우는 걸까요?

○ **삶이 즐거워지니까!**

　저는 음악을 정말 좋아해요. 음악 프로그램도 자주 보고, 온종일 음악을 들을 때도 있지요. 하지만 초등학생 때는 음악 성적이 별로 좋지 않았어요. 노래를 잘 부르지 못해서 그랬을 거예요.

　최근에 저는 텔레비전 예능 프로그램에 나가 노래를 부른 적이 있어요. 저는 그때 학교 음악 시간에 노래를 배워두어서 참 다행이라고 생각했지요.

　저는 노래를 잘 부르지 못하지만, 노래하는 게 즐거워

요. 제가 교수로 있는 대학에 노래방을 너무 좋아하는 학생이 있어요. 그 학생은 쉬는 시간에도 교실에서 노래를 부르더라고요. 그런 걸 보면 모든 사람의 마음속에는 음악이 살아 숨 쉬고 있다는 생각이 들어요.

<mark>음악은 삶을 즐겁게 만들어 주는 선물과도 같아요.</mark> 그래서 노래를 잘하지 못한다거나 리듬감이 없다는 등의 이유로 음악 시간을 싫어하는 학생들을 보면 정말 안타까워요. '잘 못할 수도 있지 뭐.'라는 가벼운 마음으로 음악을 마주해 보세요.

음악 이론을 배워 두면 나중에 음악을 들을 때 '아, 이 곡은 이런 형식으로 작곡되어 있구나.' 또는 '이 곡은 리듬이 굉장히 신선하구나.'와 같이 곡을 더 잘 이해할 수 있게 돼요.

음악은 소리 음(音), 즐길 악(樂)이라는 한자로 된 말이에요. 소리를 즐긴다는 한자의 뜻까지 알고 나니, 앞으로 음악 시간이 조금 더 즐겁게 느껴질 것 같지 않나요?

● 악보를 볼 줄 알게 되니까!

어렸을 때 음악을 배워 두길 정말 잘했다고 생각하게

된 일이 또 있어요. 제가 쉰 살이 되었을 때, 갑자기 첼로를 배우고 싶다는 생각이 들었어요.

첼로를 켜는 모습이 너무나 멋있어 보이고, 유명한 첼리스트인 요요마의 연주를 듣고 있으면 마음이 편안해지곤 했거든요. 그래서 음악 대학에 다니는 학생에게 부탁해 첼로를 배우기 시작했지요.

처음에 저는 첼로를 배우는 게 어려울 거라고 생각했어요. 초등학생 때 음악 성적이 좋지 못했고, 음악에 대해서 잘 몰랐으니까요. 그런데 그때 저를 가르쳐 주던 학생이 "교수님, 음악은 모른다고 하시더니 악보를 볼 줄 아시네요."라고 말하더라고요. 그러고 보니 오선지에서 도가 어디인지, 사분음표가 뭔지, 팔분음표는 사분음표보다 짧고 온음표는 네 박자로 길게 늘여서 연주한다는 걸 기억하고 있었어요.

제가 악보를 볼 줄 알았던 건 학교에서 음악을 배웠기 때문이에요. 악보를 볼 줄 알았던 덕분에 첼로를 배울 때 선생님이 설명하는 말을 이해할 수 있었지요.

저는 그때 학교의 음악 교육이 훌륭하다고 생각했어요. 기초적인 내용을 배워 알고 있으니, 쉰 살에도 악기를 배울 수 있는 바탕이 됐던 거예요. 만약 학교에서 음악을 배우지 않아서 악보를 볼 줄을 몰랐다면, 저는 악기 연주를 취미로 가질 수 없었을 거예요.

● 멋진 곡을 만날 수 있으니까!

이것 말고도 학교 음악 수업을 감사하게 생각하는 건 리코더를 불 수 있게 되었기 때문이에요. 여러분도 아마 리코더로 몇 곡 정도는 연주할 수 있지요? 〈곰 세 마리〉, 〈비행기〉, 〈작은 별〉 등과 같은 동요는 악보만 보면 금방 불 수 있어요.

친구들이 저에게 "너는 리코더를 잘 못 부는구나?"라

고 말해서 그렇지 않다는 걸 보여 주려고 엄청 열심히 연습했던 기억도 나네요.

　여러분은 학교에서 음악 수업 때 아마 클래식도 배울 거예요. 대중음악을 들을 기회가 많아서 처음에는 클래식이 낯설고 어렵게 느껴질지 몰라요. 그래서 학교 수업 때만 듣고 평상시에 듣지 않는 친구들이 많을 거예요.
　따로 시간을 내어 베토벤, 바흐, 모차르트 등이 작곡한 곡들을 들어 보세요. 수업 때 배운 거니까 복습하는 셈 치고요. 그렇게 음악을 듣다 보면 작곡가마다 곡의 분위기가 많이 다르다는 걸 느낄 수 있어요. 그리고 조금만 공부하면 어떤 곡이 누구의 곡인지 구별할 수 있게 될 거예요.
　저는 나이가 들수록 클래식을 더 좋아하게 되었어요. 클래식을 들으면 마음이 정화되는 느낌이 들거든요. 높은 산에 올라 신선한 공기를 마시면서 먼 곳을 바라보는 듯한 기분이 들기도 해요.
　음악에서 높이가 다른 음을 함께 냈을 때 어울리는 소리를 '화음'이라고 해요. 대표적으로 도·미·솔, 파·라·도, 솔·시·레가 있죠. 이 화음들을 들으면 조화로운 느낌이 드는데, 음악에서는 이런 화음을 '하모니'라고 해요. 그런데

이 화음들에 뭔가 일정한 법칙이 있어 보이지 않나요?

피타고라스와 같은 철학자들은 '만물의 근원은 숫자다. 아름다운 화음에도 수학적 법칙이 존재한다.'고 생각했어요.

==사실 숫자의 세계와 음의 세계는 서로 관련이 있어요. 둘 다 이 세상을 조화롭게 만드는 것들이니까요.== 그러고 보니 음악의 세계는 매우 심오한 것 같아요.

음악이 재미있어지는 미션

▷ 좋아하는 곡의 악보 살펴보기

내가 좋아하는 음악이 있다면, 악보를 구해 읽어 보세요. 악보를 보면 그 곡에서 노래, 피아노, 기타, 드럼 등이 각각 어떤 역할을 하는지 알 수 있어요. 그러면 곡을 더욱더 깊이 있게 즐길 수 있어요.

▷ 나만의 '애창곡' 연습하기

내가 좋아하고 즐겨 부르는 노래를 '애창곡'이라고 해요. 애창곡을 한 곡 정해서 사람들 앞에서 자신 있게 부를 수 있을 정도로 연습해 보세요. 연습하다 보면 분명 멋지게 부를 수 있을 거예요.

6
미술은
왜 배우는 걸까요?

○ 손재주가 좋아지니까!

저는 초등학교 미술 시간에 판화를 배운 적이 있어요. 조각칼을 사용해서 직접 나무판을 파내고 그 위에 잉크를 묻혀서 찍어 냈지요. <mark>미술 시간에 그림을 그리고 만들기를 하다 보면 손재주가 좋아져요.</mark> 저는 그때 판화 찍기가 재미있었던 기억 때문인지 이후에 일본의 유명 판화가인 가쓰시카 호쿠사이나 무나카타 시코의 작품에도 관심이 생겼어요.

손끝을 많이 사용하는 활동으로 대표적인 게 종이접기

예요. 간단한 종이접기만 해 봤다고요? 종이학을 접을 수 있다면 정말 대단한 거예요.

미술도 음악과 마찬가지예요. 잘하고 못하고는 그다지 중요하지 않아요. 중요한 건 바로 즐기는 마음이에요.

그림을 그리고, 무언가를 만들고, 표현하는 것 그 자체가 즐거운 거지요. 그런 즐거움을 느낄 수 있다면 그걸로 충분해요.

◉ 사물을 보는 관점이 다양해지니까!

==미술을 배운 덕분에 저는 그림을 그리는 것도 좋아하고 보는 것도 좋아하게 되었어요.== 그래서 미술관에서 큰 전시회가 열리면 시간을 내어 꼭 보러 가요. 해외여행을 가도 먼저 그 나라의 미술관부터 가지요. 프랑스 파리에 가면 루브르 미술관, 영국 런던에 가면 런던 국립 미술관부터 들르지요.

미술관에서 정말 멋진 예술 작품을 만나면 감동이 밀려와요. 그리고 이곳에 오길 정말 잘했다는 생각도 들지요.

여러분은 미켈란젤로를 아나요? 미켈란젤로는 신이 내린 예술가라 할 수 있어요. 조각가인데 그림도 잘 그렸지요. 특히 미켈란젤로는 이탈리아 로마에 있는 시스티나

성당의 천장에 그린 그림으로 유명한데, 그중에서도 특히 아담과 하느님이 손 끝을 마주하고 있는 '아담의 창조'가 많이 알려져 있죠. 여러분도 한 번쯤은 이 그림을 봤을 거예요.

 미켈란젤로의 작품 중에서 제가 좋아하는 조각상은 이탈리아 안에 위치한 바티칸 시국이라는 작은 나라에 있어요. 그곳에는 성 베드로 대성당이 있는데, 성당 내부에 들어서자마자 <피에타>라는 조각상이 보여요. 성모 마리아가 십자가에서 내려진 예수의 시신을 안고 있는 모습을 묘사한 작품이지요. 이 작품은 정말 숨이 멎을 정도로 아름다워요. 그 아름다운 조각상이 하나의 커다란 대리석을 깎아 만든 것이라니, 미켈란젤로는 정말 천재 중의 천재라는 생각이 들어요.

 레오나르도 다빈치 역시 훌륭한 예술가예요. 그가 그린 <모나리자>는 세계적으로 가장 유명한 회화 작품이죠. 레오나르도 다빈치는 헬리콥터처럼 하늘을 나는 비행기 구도 설계했어요.

 요즘 유명한 예술가 중에는 뱅크시가 있어요. 뱅크시는 벽에 낙서처럼 그림을 그리는 거리 예술인 그라피티 화가예요. 자신이 누군지 밝히지 않고 전 세계 곳곳에 <풍

선을 날리는 소녀>와 같은 독특하고 재미있는 그림을 그리고는 사라지지요.

　멋진 미술 작품을 보면 작품 속의 힘이 느껴져요. 실제로 본 적이 없는 풍경인데도 어디선가 본 것만 같은 느낌이 들면서 작품 속으로 빨려 들어가게 되지요.
　저는 모네의 <수련>이라는 유명한 작품을 보고, '이 그림을 그린 모네에게는 수련꽃이 이렇게 보였던 거구나.' 하고 **사물을 보는 관점에 대해 새롭게 알게 되었어요.** 사물을 바라보는 예술가의 독특한 관점을 알고 나면, 현실

에서의 사물이 그렇게 보이기도 해요. ==미술 작품에는 현실의 사물을 바라보는 관점까지 바꾸는 힘이 있다고 생각해요.==

또한, 작품을 함께 감상한 사람과 느낀 점에 관해 서로 이야기하다 보면 작품에서 받은 인상을 더 오래 간직할 수 있어요. ==사람마다 좋았던 부분이 서로 다를 수 있기 때문에 내가 미처 보지 못했던 좋은 점을 깨닫게 되는 일도 있지요.==

● 함께 작품을 만드는 즐거움을 맛볼 수 있으니까!

초등학생 때, 재활용품을 이용한 만들기 시간이 있었어요. 당시 집 근처에 금속 부품을 취급하는 가게가 있어서 그곳에서 사용하지 않는 금속 부품 조각들을 많이 얻었지요.

가게에서 얻은 금속 조각들을 학교에 가져갔더니 대여섯 명의 친구들이 "우아, 이거 정말 멋지다."라며 부러워했어요. 금속 조각들을 사용해서 다 같이 커다란 자동차를 만들자며 엄청 신이 났지요. 그리고 나중에 완성된 자동차를 교실에 전시했어요.

친구들과 함께 만들었기 때문일까요? 저는 재료를 가

져가기만 했을 뿐인데, 정말 즐거웠던 미술 시간으로 아직도 제 기억에 남아 있어요.

그 밖에도 친구들과 함께 새로 지은 학교 건물 옥상에 올라가서 거기서 내려다보이는 건물의 지붕을 그린 것도 기억에 남아요. 또 학교에 있던 소나무를 그리거나 강가에서 흐르는 강을 그렸던 일도 기억나네요. 그러고 보니 ==친구들과 함께 만든 작품이 특히 기억에 많이 남는 것 같아요.==

미술이 재미있어지는 미션

⇨ **마음에 드는 예술가나 작품 찾아 보기**
레오나르도 다빈치, 미켈란젤로처럼 유명한 예술가도 좋고, 덜 알려진 예술가도 좋아요. 마음에 드는 예술가를 떠올려 보고, 멋진 작품들을 한번 찾아보세요.

⇨ **작품을 직접 만들어 전시해 보기**
저는 어렸을 때 나무를 깎아 만든 하마를 전시해 본 적이 있어요. 그림도 좋고, 한지를 이용해 종이 공예 작품을 만들어도 좋아요. 직접 나만의 작품을 만들어 전시해 보세요.

7
실과는
왜 배우는 걸까요?

○ 기초적인 바느질을 할 수 있게 되니까!

 여러분은 바느질 도구를 사용해 본 적 있나요? 저는 실과 수업을 할 때 바늘에 실을 꿰는 방법이나 실을 끊는 방법, 끝매듭 짓는 방법 등을 배웠어요. 그리고 바늘과 실을 이용해서 작은 소품 등 다양한 물건을 만들었지요.

 저는 실과 시간에 바느질을 배우는 게 좋았어요. 그때 배운 바느질 중에서 박음질하는 법을 지금까지 기억해서 쓰고 있어요. 생활을 하다 보면 옷이 뜯어져 꿰매거나 구멍이 나서 다른 옷감을 덧대야 할 때가 있어요. 이때 그냥 홈질로 바느질하면 쉽게 뜯어져 버리지만 박음질로 하면 잘 뜯어지지 않아요.

바느질을 배운 덕분에 저는 단추가 떨어지면 스스로 다시 달아서 입을 수 있어요. 만약 ==초등학교에서 바느질을 배우지 않았더라면 지금 아주 간단한 바느질도 할 수 없었을 거예요. 학교에서 배운 게 정말 다행이지요.==

● 식생활을 건강하게 할 수 있게 되니까!

실과 수업 중 가장 기억에 남는 건 조리 실습이에요. 학교에서 친구들과 함께 음식을 만들어 먹는다는 게 정말 즐거웠지요. 게다가 담임 선생님이 요리를 잘하셨기 때문에 달걀을 이용한 요리나 샐러드 등 다양한 음식의 요리법을 알려 주셨어요. 정말 재미있었지요.

==인간이 생명을 유지하기 위해 가장 기본적으로 해야 할 것이 식사예요.== 식사를 하려면 음식을 만들 줄 알아야 해요. 그럴 수 없다면, 배가 고파도 누군가 음식을 만들어 차려 줄 때까지 기다려야 할 거예요. 이게 조리 실습을 하는 중요한 이유지요.

여러분은 아침밥을 챙겨 먹나요? 아침을 먹지 않으면

두뇌 회전이 잘되지 않는다고 해요. 그러면 공부하는 데도 어려움을 겪고, 하루를 활기차게 보내는 것도 어렵겠지요.

실과 수업에서는 '건강한 식생활'에 대해서도 배워요. ==건강한 식생활의 기본은 다양한 영양소를 균형 있게 섭취하는 것이지요.== 여러분은 집에서 어떤 식단으로 식사를 하나요? 실과 수업에서 배운 것을 토대로 집에서 먹는 식단이 영양 균형이 잘 잡힌 식단인지 따져 보세요.

만약 우리 가족이 먹는 식단에서 단백질이 부족하다면, 어떤 식품을 섭취하면 좋을지 알아보세요. 단백질을 섭취할 수 있는 식품에는 두부, 달걀, 닭고기, 돼지고기, 소고기, 생선, 조개, 굴 등이 있어요.

저는 균형 잡힌 식단에 대해 배울 때, 제가 섭취하는 음식들의 영양소가 매우 불균형하다는 사실을 알게 되었어요. 그중에서도 특히 칼슘이 많이 부족했기 때문에 그때부터는 집에서 우유를 한 잔 더 마셔야겠다고 다짐했어요. 그리고 달걀이 영양소가 매우 풍부한 식품이라는 걸 배운 뒤부터는 달걀을 매일 두 개씩 먹기로 마음먹었지요. 영양소를 균형 있게 섭취해야 힘을 낼 수 있으니까요.

불균형한 식단의 예를 들어 볼까요? 국수는 탄수화물

로 이루어져 있어요. 만약 재료가 풍부하게 들어가지 않은 국수만 매일 먹는다면 단백질과 같은 영양소는 섭취할 수 없겠지요. 마찬가지로 매일 과자만 먹으면 영양 부족에 걸리고 말아요.

또 섭취하는 음식의 열량도 계산해 보세요. 음식에 든 탄수화물 1그램은 약 4킬로칼로리, 지방 1그램은 약 9킬로칼로리, 단백질 1그램은 약 4킬로칼로리의 열량을 내요. 여러분이 열 살이라면, 하루에 남자는 2,200킬로칼로리, 여자는 2,000킬로칼로리가 필요해요. 그런데 필요 이상으로 많은 열량을 섭취하면 살이 찌고, 모자라면 몸

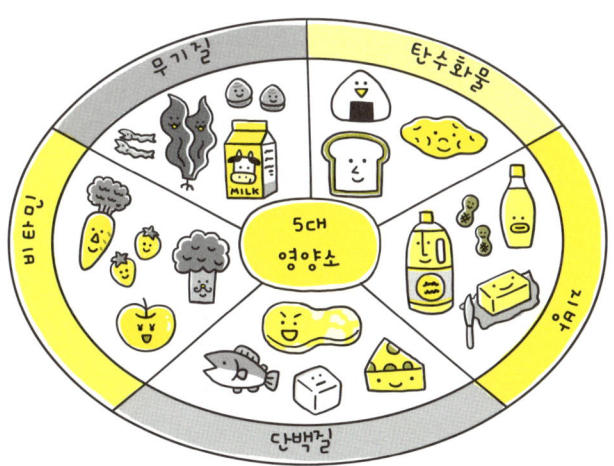

을 움직일 기운이 잘 나지 않아요. 열량을 적당히 섭취했거나 많이 섭취했는데 그만큼 열량을 쓰지 못했다면, 운동을 해야 해요.

식생활에 대해서는 이런 기본적인 지식이 필요해요. 균형 잡힌 식생활은 건강에 매우 중요하니까요.

● 혼자 힘으로도 생활할 수 있는 능력이 생기니까!

옛날에는 남자와 여자의 역할이 서로 나뉘어 있어서 여자가 대부분의 집안일을 했어요. 하지만 지금은 ==남자와 여자가 서로 협력해서 집안일을 하는 시대예요.== 그러니 모두가 요리나 집안일을 배워서 서로 돕는 가정을 만들어야 해요.

또 요즘은 혼자 사는 1인 가구도 늘어나고 있어요. 실과 수업에 열심히 임하고 배운다면 혼자 힘으로 생활할 수 있을 거예요.

실과는 우리 삶에 가장 필요한 '의·식·주'에 대한 모든 것을 가르쳐 주는 고마운 과목이에요. ==스스로 요리를 할 수 있고, 바느질을 할 수 있고, 이런저런 집안일을 할 수 있다는 것은 자신의 인생을 즐기며 살==

아가는 힘을 가졌다는 것이기도 해요.

　또 실과 수업에서는 경제 생활을 하는 방법도 배워요. 현명한 소비 생활이나 저축의 중요성 등 돈을 관리하는 방법에 관해서 공부하는 것이지요. 자신의 돈을 제대로 관리하지 못하면 가진 돈을 전부 잃게 되는 일도 있으니 매우 중요한 공부라 할 수 있어요.

　실과는 다른 과목들에 비하면 외워야 하는 내용도 그다지 많지 않고, 재미있는 활동 수업이 많아요. 그러니 가벼운 마음으로 수업을 듣는다면 즐겁고 유익한 시간이 될 거예요.

실과가 재미있어지는 미션

▶ **가족과 함께 요리해 보기**
학교 실과 시간에 배운 요리를 집에 가서 꼭 한 번 다시 만들어 보세요. 재료를 준비하고 다듬고, 조리 도구를 사용하고, 뒷정리까지 해 보는 거예요. 가족과 함께 요리하면 더욱 재미있을 거예요.

▶ **간단한 바느질 직접 해 보기**
떨어진 단추를 다시 달거나 구멍 난 부분을 꿰매는 것과 같은 간단한 바느질을 직접 해 보세요. 바느질 실력이 는다면, 옷에 레이스를 달거나 수를 놓아 꾸미는 데도 도전해 보세요.

8
체육은 왜 배우는 걸까요?

○ 몸을 움직이는 즐거움을 알게 되니까!

체육 시간에는 달리기, 높이뛰기, 던지기, 수영 등 몸을 사용하는 기본적인 운동을 배워요. 저는 매트 운동 중에서 앞 구르기, 뒤 구르기, 물구나무서기 등을 배웠어요. 뜀틀과 철봉 운동도 배웠는데, 어른이 된 이후에는 이런 운동을 할 기회가 별로 없었어요.

체육에 소질이 없는 사람도 있을 거예요. 하지만, 철봉 뒤돌기 같은 건 체육 시간에 여러 번 하다 보면 어느 정도

할 수 있게 돼요. ==하다 보면 자신의 몸을 어떻게 움직여야 하는지 서서히 알게 되기 때문이에요.==

　저는 음감이 부족한 편이었는데, 학교 음악 수업이 음감을 갖는 데 도움이 되었다고 생각해요. 마찬가지로, ==체육이 어렵다고 생각하는 사람일수록 수업 시간에 열심히 도전해 보는 것이 중요해요.==

　저는 어른이 된 이후에 요가를 배우기 시작했어요. 요가를 배워 보니 초등학교 체육 수업에 요가가 포함되면 좋겠다는 생각이 들었어요. 요가는 자신의 몸 상태에 따라 스스로 어떤 동작을 할지 난이도를 조절해요. 또 호흡에 집중하며 자신의 몸을 제대로 바라보는 방법도 배울 수 있지요.

　저는 몸을 움직이는 걸 좋아해서 지금도 일주일에 한 번은 테니스를 치고 헬스장에서 운동도 해요. 수영을 할 때도 있고요. 이렇게 몸을 움직이면 몸과 마음이 즐거워져요.

　요즘에는 체육 시간에 춤을 배우기도 하지요? 아마도

==몸을 움직이는 재미나 즐거움을 깨치게 하려는 게 목적일 거예요.== 제가 초등학교에 다닐 때는 춤 같은 걸 배우지 않았어요. 그래서 운동 신경이 좋고 달리기를 잘하는 학생들이 체육 시간을 좋아했지요.

달리기를 잘하고 싶다고 생각하는 것도 좋지만, 요즘은 달리기를 잘하거나 못하는 게 그다지 중요하지는 않은 것 같아요. ==나는 달리기를 못하니까 체육에는 소질이 없다고 움츠러들지 마세요. 체육 시간에 운동을 배울 때는 소극적으로 행동하기보다 그저 운동을 즐기겠다는 마음으로 해 보세요. 체육도 음악이나 미술처럼 즐기는 것만으로도 충분해요.==

● 승부를 통해 성숙해지니까!

==스포츠의 매력 중 하나는 상대방과 경쟁하고 승부를 겨루는 과정에서 자신의 능력을 향상시킬 수 있다는 점이에요.==

스포츠 만화를 보면, 주인공에게 대부분 경쟁 상대가 있지요? 라이벌이라고 하죠. 주인공은 라이벌과 경쟁하면서 자신의 실력을 점점 키워 가요. 단순히 실력만 좋아지는 게 아니라 마음도 단단해져 가고요. 라이벌이 없다면, 그런 기회를 얻기 힘들 수 있어요.

　스포츠 경기는 강한 상대끼리 맞붙어서 치열하게 싸울 때 보는 재미가 있어요. 하지만 약한 상대가 강한 상대를 맞이해 최선을 다하는 경기도 정말 멋지지요. 사람들은 그런 경기를 보면서 용기를 얻기도 해요.

　여러분도 체육 시간에 경기를 할 때가 있을 거예요. 경기에서 ==승부를 겨루다 보면 질 때도 있어요. 하지만 패배를 통해서도 배우는 게 있어요.== 결과보다는 얼마나 열심히 싸웠는지가 중요해요. 승패를 떠나 최선을 다하는 경험을 하면서 점점 성숙해지는 거예요. 어떤 승부든 진지

하게 최선을 다할 때 재미있는 것이지, 이기고 지는 건 그리 중요하지 않아요.

어떤 사람은 이기고 지는 승부를 좋아하지 않아요. 그런 마음도 이해하지만, ==이겼을 때의 기쁨도 느껴 보고 졌을 때의 속상함도 느껴 보는 게 좋아요. 그런 경험을 반복하다 보면 마음이 점점 더 강해지고 튼튼해지거든요.==

◉ 몸에 대해 이해할 수 있게 되니까!

체육 수업 중에는 교실에 앉아서 수업을 듣는 '보건 교육'도 포함되어 있어요.

==보건 교육의 큰 목적 중 하나는 나의 몸에 대해 이해하는 거예요.== 우리 몸은 성장하면서 변화해요. 대부분 십 대에 시작되는 사춘기에 들어서면 몸에 큰 변화가 나타나지요. 보건 교육은 이러한 변화가 왜 일어나는 것인지, 여자와 남자의 신체는 어떻게 다른지 알게 해 줘요. 그러면 자신의 몸에 생긴 변화를 잘 받아들일 수 있고, 남자와 여자의 다른 점을 이해할 수 있게 되지요.

또 올바른 생활 리듬을 유지하는 방법이나 충분한 수면이 얼마나 중요한지 배우기도 해요. 우리 몸은 잠을 자는 동안 피로를 회복해 에너지를 충전하고, 두뇌는 낮 동안 있었던 일을 정리해 기억력을 강화해요. 성장 호르몬도 잠을 잘 때 나오지요.

  만약 잠을 충분히 자지 못하면 어떻게 될까요? 몸은 피로가 풀리지 않아 뻐근하고, 수업 시간에 집중하려고 애써도 잘 되지 않을 거예요. 충분한 수면은 건강한 생활을 하는 데 매우 중요해요.

  저는 초등학교를 졸업한 이후에 '보건 시간이 정말 중요한 시간이었구나.'라고 느낀 적이 자주 있었어요. 여러분도 수업 시간에 귀 기울여 잘 들어 두세요.

체육이 재미있어지는 미션

➡ 호흡법 익히기
입을 다문 채 코로 공기를 들이마셨다가 코로 천천히 길게 숨을 내쉬는 호흡 연습을 해 보세요. 몸의 긴장감을 풀어 주는 호흡법을 익히면 운동뿐만 아니라 생활하는 데도 도움이 돼요.

➡ 좋아하는 운동 찾기
춤이나 외발자전거 같은 걸 배워 보는 게 어때요? 초등학교 때는 잘하고 못하고를 떠나 다양한 운동을 해 보는 게 중요해요. 좋아하는 운동을 찾아서 해 보세요.

9 도덕은 왜 배우는 걸까요?

● 인간으로서의 '도리'를 배울 수 있으니까!

제가 학교 다닐 때 일본에는 도덕 과목이 없었고, 대신 '도덕의 시간'이 있었어요. 텔레비전 프로그램을 보면서 서로 이야기를 나누는 시간이었기 때문에 저는 그 시간을 좋아했어요.

도덕이란 무엇일까요? **도덕은 인간이라면 마땅히 지켜야 할 도리를 뜻해요.** 어떤 사람에 대해 '도덕적이다' 또는 '도덕성이 뛰어나다'라고 말하는 건 그 사람이 사람으로서 지켜야 할 도리를 잘 지킨다는 것을 뜻하지요.

중국의 유학자 공자는 사람이 마땅히 갖춰야 할 도덕성으로 어짊과 옳음, 예의와 지혜를 들었어요. 한자로 어질 인(仁), 옳을 의(義), 예도 예(禮), 슬기 지(智)를 써 '인의예지'라고 하지요. 우리가 말하는 '예의'의 근본에는 공자의 사상이 깔려 있어요.

공자의 사상은 《논어》에 담겨 있어요. 여러분도 《논어》를 읽어 보거나 예의의 중요성에 관해 생각해 보는 시간을 가져 보세요.

도덕성이 뛰어난 사람이 되려면 ==해도 되는 행동과 해서는 안 되는 행동을 구별할 줄 아는 능력이 필요해요.== 도덕 과목은 그런 능력을 키우기 위해 배워요.

버스, 지하철과 같은 대중교통에는 노인이나 장애인 등을 위한 교통 약자 우대석이 있어요. 자리가 비어 있다면 누구나 앉을 수 있는데, 간혹 할머니나 할아버지가 서 계시는데도 모르는 척하고 그냥 앉아 있는 사람이 있어요. 그런 사람은 도덕성이 부족하다고 말할 수 있어요.

==도덕성을 키우면 슬기롭게 일을 헤쳐 나갈 수 있는 지성도 함께 키워져요.== 지성은 옳고 그름을 정확하게 판단

할 수 있는 능력이에요. 도덕성을 키워 지성을 갖춘 사람이 되어 보세요.

규칙이라는 건 그 행동이 옳은지 그른지에 대한 판단이 오랜 시간 쌓여서 만들어진 거예요. 예를 들어, 순서를 지키는 것에 대해 생각해 볼까요? 마트 계산대 앞에 줄을 섰는데 누군가 내 앞을 새치기하거나 다른 줄에 나보다 늦게 선 사람이 더 빨리 계산을 마친다면 기분이 좋지 않을 거예요.

이때 '한 줄 서기'를 한다면 어떨까요? 계산대가 여러 군데 있더라도 모두가 한 줄로 서서 기다리다가 앞에서부터 순서대로 계산이 끝난 곳으로 가서 계산을 하는 거죠. 이렇게 하면 줄을 선 순서대로 계산을 마칠 수 있게 되니까 모두에게 공평하지요.

저는 '도덕의 시간'에 규칙을 만드는 게 재미있었어요. 어떤 문제에 대해 좋은 것인지 잘못된 것인지 생각하면서 새로운 규칙을 만들었지요. 그 과정을 통해 규칙이 있으면 규칙이 없을 때보다 다툼이 덜하다는 것을 알게 되었어요.

◐ 예절을 지키면 기분 좋게 살 수 있으니까!

일본에는 '지하철 안에서는 큰 소리로 통화하지 않는다.'라는 규칙이 있어요. 내 의지와 상관없이 알지도 못하는 사람의 이야기를 들어야 한다는 건 그리 기분 좋은 일이 아니니까요. 그래서 일본인들은 지하철 안에서 큰 소리로 통화하는 건 예의 없는 행동이라고 생각해요.

일본과 달리 어떤 나라에서는 지하철에서 전화 통화하는 게 문제가 되지 않기도 해요. ==도덕 규범이나 예절은 나라마다 조금씩 다를 수 있어요.== 나라마다 그 나라의 국민 정서에 맞는 도덕 규범과 예절이 있고, 그것을 지킬 때 모

두가 기분 좋게 살아갈 수 있는 거지요.

● 대화의 중요성과 올바른 대화법을 배울 수 있으니까!

　SNS에서 다른 사람을 흉보거나 헐뜯는 문제에 관해 생각해 본 적이 있나요? 별 뜻 없이 한 말이나 재미로 한 농담에도 상대방은 큰 상처를 받을 수 있어요. 사람마다 생각하거나 느끼는 게 다를 수 있거든요. 그래서 도덕 시간에는 올바른 언어 습관에 대해 배우기도 해요.

　여러분은 초등학생이나 중학생의 스마트폰, SNS 사용에 대해 어떻게 생각하나요? 저는 고등학생이 되기 전까지는 SNS를 사용하지 않는 게 좋다고 생각해요. SNS에서 연락을 주고받는 상대가 같은 또래인 척하는 이상한 어른일 수도 있거든요. 나 자신의 안전을 위해 어떻게 하는 게 좋을지 생각해 볼 필요가 있어요.

　스마트폰 사용처럼 어떤 것을 할지 말지 결정하기 위해서는 ==우선 나만의 판단 기준이 있어야 해요. 그리고 다른 사람의 의견을 귀 기울여 듣는 자세도 꼭 필요하지요.==
　나와 다른 사람의 의견이 다를 때는 어떤 부분에서 서

로 생각의 차이가 발생하는지 알아보는 게 좋아요. 서로 대화를 해 보면 양쪽 모두가 인정하고 받아들일 수 있는 지점을 찾을 수 있을 거예요.

그런데 어느 쪽이 좋을지 결정할 수 없을 때도 있어요. ==정답은 하나만 있는 게 아니거든요. 그럴 때는 그때그때 상황에 따라 서로 대화를 통해 결정하면 돼요.== 내 의견만 옳다고 고집하는 건 그릇된 태도예요. 도덕 시간을 통해 대화의 중요성과 올바른 대화법을 배울 수 있어요.

도덕이 재미있어지는 미션

▶ **주제를 정해 모의 토론 해 보기**
예를 들어, 초등학생의 SNS 사용을 어떻게 생각하는지 가족과 함께 토론해 보세요. 찬성 팀과 반대 팀 역할을 번갈아 해 보면 정반대의 주장을 해 볼 수 있어서 재미있어요.

▶ **지금, 세계에서 일어나고 있는 문제에 관해 생각해 보기**
세계적인 문제를 다루는 뉴스를 찾아 보세요. 예를 들면, 전쟁과 관련된 뉴스를 찾고, 양측의 입장을 살펴보면서 평화란 무엇인지 진지하게 생각해 보는 거예요.

10
영어는
왜 배우는 걸까요?

○ **다른 나라 사람들과 이야기를 나눌 수 있게 되니까!**

요즘은 초등학생 때부터 영어를 배우는 시대가 됐어요. 전 세계적으로 영어로 의사소통하기를 원하는 사람들이 많아졌기 때문이지요.

우리는 인터넷의 발달로 세계 여러 나라 사람과 간편하게 만날 수 있어요. 인터넷 공간에 글을 남기면, 세계 어느 곳에서나 내 글을 볼 수 있고 누구나 댓글을 남길 수 있지요. 영화나 책의 감상평을 올리는 플랫폼만 보아도 영어, 프랑스어 등 다양한 언어를 사용하는 사람들이 글을 남겨 자신의 생각과 마음을 다른 사람과 나눈다는 걸 알 수 있지요. ==영어를 할 줄 알면 다양한 나라의 사람들과 이야기를 나누고 소통할 수 있는 거예요.==

저는 1960년에 태어났어요. 제가 초등학생일 때는 학교에서 영어를 배우지 않았어요. 중학교에 들어가서부터 영어를 배웠지요. 영어를 할 줄 알면 세계 어느 곳을 가더라도 어떻게든 의사소통을 할 수 있어요. 반대로 영어를 할 줄 모르는 사람은 해외여행을 갔을 때 말이 통하지 않아서 어려움을 겪게 되지요.

영어 문장을 조금이라도 읽을 수 있으면 좋은 점이 많아요. 영어로 된 노래 가사를 읽을 수도 있고, 외국 영화를 볼 때 영어로 된 자막을 보고 이해할 수도 있어요.

저는 영어로 논문을 쓸 때가 있어요. 제가 쓴 논문을 다른 나라 사람이 읽고 재미있다고 말해 준 덕분에 단숨에 독자가 늘어난 적도 있어요. 그때 저는 영어로 논문을 쓸 수 있다는 사실에 정말 감사했어요. 제가 영어로 논문을 쓸 수 있게 된 건 중학교와 고등학교 6년 동안 영어를 열심히 공부했기 때문이었어요.

저처럼 중학교 때 시작해도 되는데 요즘은 왜 초등학교

때부터 영어를 가르칠까요? 그건 언어가 음악과 비슷하기 때문일 거예요. ==어렸을 때부터 듣고 익숙해지는 게 듣기 능력 향상에 도움이 되거든요.==

 영어는 발음을 듣고 구별하는 게 중요해요. 뭐라고 말하는 건지 듣고 그 소리를 그대로 따라 해 보는 게 좋아요. 언어라는 건 결국 말을 흉내 내는 것과 같으니까요. 저는 ==귀로 들은 말을 다시 따라 말할 수 있다면, 초등학생 수준에서는 충분하다고 생각해요.==
 예를 들어, 춤 같은 것도 중학교에 가서 배우는 것보다 초등학교 때 배우는 게 더 빨리 배울 수 있어요. 무언가를 학습할 때 습득이 가장 빠른 결정적 시기가 열두 살 정도까지이기 때문이에요.

 저는 영어 공부를 좋아했어요. 만약 초등학생 때부터 영어를 배웠다면 지금보다 영어를 더 잘하지 않았을까 하는 생각이 들 때가 있어요. 게다가 제가 중학교와 고등학교를 다닐 때에는 영어 시간에 듣기·말하기를 배우는 시간이 많지 않았어요.
 대부분이 읽기·쓰기 수업이었지요. 물론 읽기와 쓰기도

매우 중요해요. 영어 문장의 규칙은 그다지 어렵지 않기 때문에 중학생 때부터 공부해도 괜찮아요.

저는 영어로 논문도 쓸 수 있고, 영어 원서를 번역하기도 해요. 그래도 학교 수업에 듣기·말하기 시간이 있었으면 더 좋았겠다는 아쉬움이 남아요.

● **다른 나라의 언어와 문화를 함께 익힐 수 있으니까!**
초등학생 시기에 영어를 공부하는 주된 목적은 영어 듣기와 말하기에 익숙해지는 데 있어요. 듣기와 말하기가 익숙해지면, 초등학생 수준의 인사말 정도는 할 수 있게

되거든요. 전 세계 사람들과 이야기를 나눌 수 있게 된다면 정말 재밌을 것 같지 않나요?

　너무 거창하게 생각할 필요 없어요. 예를 들어, 다음과 같은 말 정도만 영어로 할 수 있어도 충분히 대화를 즐길 수 있어요.

　"안녕?"
　"오랜만이야."
　"잘 지냈어?"
　"지금 뭐 하고 있어?"
　"너는 뭘 좋아해?"
　"나는 이게 좋아."

　어렵지 않죠? 그러니 일단은 귀와 입이 영어에 익숙해지도록 노력해 보세요.

　저는《몸으로 배우는 영어 입문》이라는 책을 쓴 적이 있어요. 이 책에 동작과 함께 영어 표현을 익히는 방법을 담았지요. 이렇게 하면 우리말에 익숙해져 있던 몸이 영어에 점점 익숙해지기 때문이에요.

　외국인들은 말할 때 우리보다 표정이나 말투로 감정을 풍부하게 드러내요. 그러니까 우리도 영어로 말할 때는 가볍게 점프를 하는 등 몸을 움직인 후 살짝 기분이 고조된 상태에서 말해 보자는 거지요.

저는 또 '김수한무 거북이와 두루미 삼천갑자 동방삭……'이라는 긴 이름을 외우듯이 영어를 암기하라는 내용의 책을 쓰기도 했어요. 영어 단어를 외울 때는 리듬감 있게 노래하듯 외우는 게 도움이 돼요. ==중요한 건 '몸으로 즐기면서 배우는' 거예요.== 여러분도 영어 공부를 할 때 이러한 방법을 꼭 사용해 보세요.

영어가 재미있어지는 미션

▶ **영어 노래 듣고 즐기기**
마음에 드는 영어 노래를 찾아 보세요. 노랫말을 알아듣지 못하고, 노래를 따라 부르지 못해도 괜찮아요. 영어 가사를 찾아 읽어 보고 의미를 생각해 보며 그냥 즐기면 된답니다.

▶ **3분 안에 내가 좋아하는 것을 친구에게 영어로 소개해 보기**
친구가 외국인이 아니어도 괜찮아요. "I like"로 시작해서 3분 안에 내가 좋아하는 걸 말해 보세요. 내가 말한 게 친구도 좋아서 "Me too."라고 한다면, 그 친구와 하이 파이브를 하는 거예요.

11
창의적 체험 활동 시간은 왜 있는 걸까요?

○ **다른 수업 때는 하지 않는 다양한 체험을 하니까!**

==창의적 체험 활동은 다양한 체험을 통해 문제 해결 능력을 키우고, 자신의 인생을 설계하는 힘을 기를 수 있는 재미있는 수업이에요.== 이 수업 시간에는 자율 활동, 동아리 활동, 봉사 활동, 진로 활동 등을 해요.

예를 들어, 반 친구들 모두가 학교에서 소를 키우고 싶어 한다고 가정해 볼게요. 소를 키우려면 어떤 것들을 알아야 할까요?

먼저 소는 무엇을 먹는지, 풀을 먹는다면 그 풀은 어떻게 재배해야 하는지 알아야 할 거예요. 그리고 풀이 자라면 베어서 운반도 해야 하고요. 또 소의 젖도 짜 주어야 하지요. 어쩌면 소도 강아지처럼 산책을 시켜 줘야 할지도 몰라요.

더 많은 정보를 얻고 싶다면 소를 사육하는 단체가 있는지 알아볼 수도 있어요. 소를 키우는 데 필요한 비용이 어느 정도인지 알아볼 수도 있고요. 소의 생김새를 그려 볼 수도 있어요.

이렇게 어떤 문제를 해결하기 위해서는 국어, 수학, 사회 등 다양한 지식이 필요해요.

저는 창의적 체험 활동 수업을 적극적으로 실시하는 일본 나가노현의 한 초등학교에 견학을 간 적이 있어요. 그 학교에서는 실제로 소와 염소를 기르고 있었어요.

학생들은 소에 대한 노래를 만들고, 소에게 먹일 사료를 사기 위해 직접 재배한 채소를 판매하기도 했어요. 또, 사료를 사기 위해서는 계산을 잘해야 하니까 앞으로 수학 공부를 더 열심히 해야겠다는 의지가 생겼다는 친구도 있었지요. 친구들과 함께 직접 소를 키우고 싶다는 마음이 다른 공부에 대한 열정으로 이어진 거지요.

만약 유명한 축구 선수나 야구 선수가 되어 해외에 진출하는 게 꿈이라면 외국어 공부도 하고 싶어지겠지요? ==무언가 하고 싶다거나 되고 싶다는 열정에서 생기는 배움에 대한 에너지가 창의적 체험 활동의 출발점이에요.==

프랑스의 유명한 사상가 장 자크 루소는 해가 뜨고 지는 모습을 아이에게 직접 보여 주는 것만으로도 많은 공부의 시작이 될 수 있다고 말했어요.

또 미국의 철학자인 존 듀이는 시카고에 실험 학교를 세우고, 자신의 교육 사상을 정리해서 《학교와 사회》라는 책을 썼어요. 듀이는 실험 학교에서 학생들이 중심이 되어 스스로 배우고 싶은 내용을 계획하고 공부하도록 했지요.

이들의 교육적 사고방식은 세계 여러 나라의 교육에 많은 영향을 미쳤어요.

창의적 체험 활동 시간에는 직업 체험도 할 수 있어요. 예를 들면, 한지 제작 장인에게 직접 한지를 만드는 기술을 배울 수도 있고, 한지의 원료가 되는 식물이나 한지가 어떻게 소비자들에게 유통되는지도 배울 수 있지요. ==단순한 체험으로 끝나는 게 아니라, 그와 관련된 다양==

한 지식을 함께 배우는 게 중요해요.

● **문제를 함께 해결하는 자세를 기를 수 있으니까!**

국제 연합에서는 세계의 여러 가지 문제를 종합적으로 해결하기 위해 '지속 가능 발전 목표'라고 하는 공동의 목표를 세웠어요. 이를 간단히 줄여서 SDGs(Sustainable Development Goals)라고 해요. SDGs는 지속 가능한 사회를 위해 다양한 목표를 세우고 그 목표를 달성하기 위해 전 세계가 함께 노력하려는 움직임이지요.

현대 사회에서는 스스로 과제를 찾아서 학습하고 생각

하며 자발적으로 행동하는 것이 무엇보다 중요해요. '자발적'이라는 건 주체적으로 행동한다는 의미예요.

문제 해결을 위해 다른 사람과 협력하는 것을 대화적 해결이라고 해요. 친구와 대화하거나 전문가와 이야기를 나누다 보면 깊이 있는 지식을 얻을 수 있어요. 이게 바로 '주체적·대화적 심화 학습'인 셈이지요.

창의적 체험 활동 시간에는 "우리 다 같이 이런 걸 해 보면 어떨까?" 또는 "이런 공부를 해 보자."와 같이 자유롭게 자기 생각을 말할 수 있는 분위기를 만드는 게 중요해요. 서로 의논할 일이 생기면 적극적으로 참여해서 여러분의 의견을 말해 보세요.

안타깝지만, 현재 지구상에는 전쟁을 하는 나라들이 있어요. 그저 남의 나라 이야기라 생각하지 말고, 전쟁의 아픔을 겪고 있는 사람들의 기분을 한번 생각해 보세요. 만약 여러분이 전쟁통에 아기를 안고 있는 엄마라면 어떤 심정일까요?

다문화 가정에 관해 배우거나 생각해 볼 수도 있어요. 여러분의 부모님 중 한 분이 우리나라 사람이 아닌 외국인인데, 만약 여러분이 조금 다른 외모나 말투 때문에 학교에서 차별이나 따돌림을 받게 된다면 어떤 기분일지 상상해 보는 거예요. '만약에 나라면?' 하고 생각해 보는 게 핵심이에요.

문제에 관해서 진지하게 생각해 볼수록 좋은 해결책이나 깊이 있는 깨달음을 얻을 수 있어요. 창의적 체험 활동 시간을 통해 그 상황에서 만약 나라면 어떻게 할지 생각해 보고 문제를 해결해 나가는 능력을 기를 수 있어요.

창의적 체험 활동이 재미있어지는 미션

▶ 체험한 것을 정리해 글로 쓰기
학교에서 체험해도 좋고 집에서 체험해도 좋아요. 우선은 무엇이든 다양한 체험을 해 보세요. 그리고 그중에서 인상 깊었던 것이나 배운 점 등을 글로 써 보세요. 사진에 간단한 글을 덧붙여도 좋아요.

▶ 정보 통신 기술과 친해지기
궁금한 것을 인터넷을 통해 검색하거나 공부할 때 스마트 기기를 활용해 보세요. 오늘날에는 정보 통신 기술을 잘 다룰 수 있어야 해요. 직접 프로그래밍을 하는 방법을 배워 두는 것도 좋아요.

12
학교 자율 활동 시간은 왜 있는 걸까요?

○ **집단생활을 경험해 볼 수 있으니까!**

학교에서는 다양한 행사를 해요. 저는 초등학교 4학년 때 '눈 소풍'을 갔던 게 기억나요. 제가 살던 시즈오카현은 거의 눈이 내리지 않는 지역이어서 효고현에 있는 높은 산으로 눈을 보러 가는 소풍이었지요. 버스를 타고 후지산 중턱까지 가서 썰매를 타며 놀았어요.

눈 소풍을 앞두고 저와 몇몇 친구들은 썰매를 만들겠다고 큰소리를 쳤어요. 직접 나무를 자르고 못을 박아서 커다란 썰매를 만들었지요. 그런데 다 만들고 나서 큰 기대를 하며 썰매를 타 보았는데 썰매가 너무 무거워서 전혀 움직이지 않았어요. 그때 옆에서 다른 친구들이 쓰레기봉투를 이용해서 아주 간단하게 만든 썰매가 너무나 씽씽 잘 내려가는 게 아니겠어요?

그날 썰매 만들기는 실패했지만, 저와 친구들은 ==함께 힘을 합쳐서 썰매를 만들었다는 값진 경험을 했어요.==

육상 대회를 했던 기억도 있어요. 대회에 나갈 대표 선수로 뽑히지 못해서 너무 속상했지만, 그것도 소중한 경험이라고 생각해요. 그래도 대회가 시작된 다음부터는 친구들과 함께 ==우리 반 대표로 나간 친구를 열심히 응원했어요. 반 친구들 모두가 하나가 된 듯 응원할 때의 벅찬 감동은 지금도 잊을 수가 없어요.==

==학교 행사에 열심히 참여하는 경험을 통해 집단생활의 규칙과 행동 요령을 배울 수 있어요.==

● **관심사가 늘고, 적극적인 사람이 될 수 있으니까!**

학생회 활동은 학교생활과 관련된 사항이나 문제를 학생들이 주도적으로 결정하는 활동이에요. 학생회에서는 구체적으로 어떤 일을 할까요?

예를 들어, 운동회 때 단체 줄넘기를 하자는 의견이 나왔다고 가정해 볼게요. 그러면 학생회에서 어떤 규칙으로 단체 줄넘기를 할지 생각하고 의논해요. 그리고 운동회를 더욱 재미있게 만들기 위한 다양한 아이디어를 내고 기획할 거예요.

또 학급에 있는 도서부나 환경부 같은 부서 활동을 할 수도 있어요. 여러분도 마음에 드는 부서를 선택해서 적극적으로 참여해 보세요. 반 친구와 더 친해질 수 있어요.
저는 초등학생 때 연극을 해 보고 싶어서 직접 연극부를 만들었어요. 다행히 꽤 인기가 많아서 반 친구들 전원이 연극부에 들어왔지요. 중학교와 고등학교 때는 테니스부에 들어갔는데, 그때 만난 친구가 저의 가장 친한 친구가 되었지요.

초등학생인 여러분에게는 아직 조금 먼 이야기지만, 대학교에서는 입학 시험을 볼 때 자치 활동을 어떻게 했는지 살펴보기도 해요. 열심히 활동한 학생에게 그렇지 않은 학생보다 더 좋은 점수를 주지요.
예를 들어, 다른 활동은 전혀 하지 않고 공부만 한 학생과 학생회나 자원봉사 등 다양한 활동에 열심히 참여한 학생이 있다고 해 볼까요?

  옛날에는 공부만 잘하면 인정을 받았지만, 요즘은 그 학생이 학교에서 어떤 활동에 참여했는지를 살펴봐요. ==교내 활동이나 외부의 사회적 활동을 한 학생이 관심 분야의 폭이 넓고 적극적이라고 여겨지기 때문이에요.==

◉ 무엇이든 끝까지 해내는 힘을 기를 수 있으니까!

  공부만 잘하면 된다는 사고방식을 가진 사람은 학교에 다니지 않고 혼자 공부하는 게 더 효율적이라고 생각할

수도 있어요. 하지만 나중에 사회에 나가 일을 하게 되면 반드시 다른 사람과 관계를 맺을 수밖에 없어요.

특별 활동 시간은 인간관계를 맺는 방법을 배울 기회를 줘요. ==다양한 사람들을 만나고 소통하는 경험을 많이 하면 상대방과 내 생각이 다를 때 원만하게 해결하는 능력이 키워져요. 그러다 보면 인간관계의 폭을 넓힐 수 있고, 뭐든지 끝까지 해내는 힘도 기를 수 있어요.== 혼자 하다 중간에 어려움이 닥치면 쉽게 포기할 수 있지만, 다 같이 하면 머리를 맞대고 문제를 풀어 나갈 수 있으니 포기하지 않는 거죠.

일본에서 전국 고교 야구 선수권 대회에 출전하는 야구부의 선수들은 팀의 승리를 위해 모두 하나가 되어 열심히 훈련해요. 그렇게 함께 동고동락하며 연습하다 보면 깊은 우정이 생겨서 졸업한 후에도 가족처럼 가깝게 지낸다고 해요.

집단생활에 어려움을 느끼는 사람이 있을지도 몰라요. 혼자가 더 편하다고 생각할 수도 있지만, 그래도 한번 도전해 보는 게 어떨까요? ==비록 잘하지 못하더라도 다양한==

것에 도전해 볼 수 있는 곳이 바로 학교니까요.

 학생회 활동이나 학교 행사가 있다면 좋은 경험을 한다고 생각하고 한번 참여해 보세요. 작은 역할이라도 괜찮아요. 참여하는 것에 익숙해지는 게 중요해요. 자꾸 참여하다 보면 사람들을 대하는 일이 점점 익숙해지고, 집단 생활에서 느끼던 어려움도 점점 줄어들 거예요.

학교 자율 활동이 재미있어지는 미션

➡ 반 친구 외에 다른 친구 만들기
학생회에 들어가거나 학교 행사에 참여하면 다른 반 학생들과 함께 활동하게 돼요. 여러 친구들을 만나 이야기도 나누고 같이 활동을 하면서 인간관계의 폭을 넓혀 보세요.

➡ 방과 후의 재미있는 계획 세우기
저는 초등학생 때 친구들과 어린이 탐정단을 만들어서 함께 책도 읽고 강가의 수풀을 헤치고 다니면서 놀았어요. 여러분도 방과 후에 무얼 하면 좋을지 재미있는 계획을 세워 보세요.

마음가짐,
왜 중요한지 알면
공부하는 힘이 생겨!

**의지력이나 끈기 같은 마음가짐은
공부할 때 힘을 내는 근육이 되어 줘요.
마음 근육을 키우는 공부를 해 보아요.**

각 마음가짐에 대한
설명 뒤에 마음 근육을
키울 수 있는 '미션'이 있어요.
한번 도전해 보세요.

1
의지력은
왜 중요한 걸까요?

● 내 인생을 개척하는 힘이 되니까!

입학을 위한 면접시험에서 "우리 학교에 입학하게 된다면 무엇을 하고 싶은가요?"라는 질문을 받았다고 생각해 보세요. 만약 "잘 모르겠는데요."라고 대답한다면 합격할 수 있을까요?

또는, 많은 사람이 제자가 되길 원하는 훌륭한 스승님이 있다고 가정해 봐요. 제자가 되길 원한다면 그 스승님을 여러 번 찾아가서 자신의 의지를 나타낼 수도 있겠지요. 만약 여러분이 그 스승이라면 어떨까요? 찾아오는 사람 중에서 가장 의지가 강해 보이는 사람을 제자로 뽑고 싶지 않을까요? 의지가 강한 사람은 주변 사람들이 도움을 주고 응원하고 싶게 만들어요.

의지나 의욕은 인생을 개척하기 위해 꼭 필요해요. 요즘은 결과가 좋든 좋지 않든 의지나 의욕이 있다는 것 그 자체로 충분한 가치가 있다고 생각해요.

제 친구 중에 재능은 정말 뛰어난데 의지가 부족했던 친구가 있었어요. 같은 학년 아이들 중에서 달리기가 가장 빨랐는데도 육상 대회에 나갈 생각을 전혀 하지 않았지요. 그래서 저는 농담 삼아 친구에게 "그 실력을 나한테 주지."라고 말하곤 했어요.

재능과 의지가 꼭 비례하는 건 아니에요. 정말로 재능이 뛰어나면 의지가 조금 부족해도 성공하는 사람이 있어요. 반대로 재능은 그리 뛰어나지 않지만, 강한 의지로 꾸준히 노력해서 훌륭한 선수가 되거나 실력이 향상되는 경우도 많고요.

● 의지가 생기면 생활이 즐거워지니까!

여러분 중에도 공부에 도통 의욕이 생기지 않는 사람이

있을 거예요. 만약 그렇다면 ==공부가 아닌 다른 것들 중에서 의욕이 생길 만한 일을 찾아 보세요.==

 저는 돌을 수집하는 취미가 있어서 친구와 함께 강가에서 멋진 돌을 찾아다닌 적이 있었어요. 또 다른 친구와는 동전 모으기를 하기도 했지요. 발행량이 적은 1957년에 만들어진 10엔짜리 동전이나 테두리에 톱니 자국이 있는 10엔짜리 동전을 찾아 모았지요. 그때 저는 돌이나 동전 수집에 의욕이 넘쳤어요.

 곤충을 좋아하는 사람도 있고, 기차나 패션, 음악 등에 관심이 많은 사람도 있어요. 사람마다 좋아하는 것이 다 다르지요. 그런데 공통점이 있어요. 자기가 좋아하는 것에는 남다른 의지가 생긴다는 거예요.

 의지가 생기면 누가 뭐라 하지 않아도 그 일을 하게 돼요. 좋아하는 일이니까 더 잘하고 싶은 마음이 생기고, 그러다 보면 자연스럽게 공부도 하게 돼요.

 강가에서 찾은 멋진 돌은 무슨 돌이고 어디에서 왔는지, 1957년에 10엔짜리 동전은 왜 발행량이 적었는지 알고 싶은 마음이 생기는 거죠. 그러다 보면 지구의 암석에 대해 공부하고, 경제에 대해 공부하게 되는 거예요. 내가 좋아하는 일을 위해 공부하면 행복감을 느끼게 되지요.

==사람은 의지나 의욕이 있어야 행복하게 살 수 있어요.==
식욕, 수면욕이 건강한 삶을 살 수 있게 해 주는 것처럼 지식에 대한 욕구도 있는 편이 삶을 즐겁게 사는 데 도움이 돼요.

제 친구 중에 심각한 일 중독자가 있어요. 학창 시절에 공부를 그렇게 잘하는 편은 아니었다고 하는데, 일에는 의욕이 넘쳐 나요. 그래서 자기가 좋아하고 잘하는 것을 미래의 직업으로 선택하는 게 좋아요.

예를 들어, 책을 정말 좋아하는 사람이라면 출판사에서 일하는 것도 좋겠지요. 좋아하는 일을 계속하다 보면 점

점 더 의욕이 생기기도 해요.

  좋아하는 일을 하면 스트레스를 덜 받아요. 스트레스는 적을수록 좋지요.
  저는 대학에서 학생들을 가르치는 일을 해요. 누군가를 가르치는 일은 여러분이 생각하는 것보다 스트레스를 받는 일이에요. 그런데 저는 오히려 스트레스가 풀려요. 그래서 여름 방학이 되면 심심하고 외로워지지요. 방학에는 학생들을 만날 수 없고 수업도 할 수 없으니까요.
  긴 방학 동안 저는 개학하면 수업 시간에 어떤 내용을 가르칠지 머릿속으로 생각하곤 해요. 그러다가 여름 계절 학기 수업 때문에 오랜만에 학생들을 만나면 그렇게 반갑고 기쁠 수가 없어요.
  대학 교수로 오랫동안 일하면 1년 동안 쉴 수 있는 제도가 있어요. 저는 몇십 년 동안 학생들을 가르치고 있지만, 한 번도 쉰 적이 없어요. 학생들을 가르치는 일이 너무 즐겁기 때문이에요.

  그림을 좋아하는 사람은 그림을 그릴 때 스트레스를 받지 않겠지요. 별을 보는 걸 좋아하는 사람은 천문학자가 되어 연구를 할 때 스트레스를 덜 받을 테고요. ==좋아하는 일을 할 때는 별로 피곤하지도 않아요. 내가 무엇을 할 때 스트레스를 받지 않는지를 잘 생각해 보면, 내가 의욕적으로 할 수 있는 일이 무엇인지도 알 수 있어요. 스스로 '나는 의지가 부족해.'라고 생각하지 말고, 의지가 생길 만한 일이 무엇인지 찾아 보세요.==

의지력을 키우는 미션

➪ 좋아하는 일에 몰두하기
모든 일에 의욕적일 필요는 없어요. 체조는 잘하지만, 농구에는 흥미가 없는 사람도 있는 거니까요. 내가 좋아하고 흥미가 있는 일을 찾아서 그 일에 몰두해 보세요.

➪ 잘하지 못해도 좋으니 시도해 보기
적어도 몇 번은 해 봐야 비로소 할 수 있게 되는 일들도 있어요. 한 번에 몇 계단을 뛰어오르는 건 어렵지만, 한 계단씩 오르다 보면 다 오르듯이 차근차근 하다 보면 할 수 있게 될지도 몰라요.

2
끈기는
왜 중요한 걸까요?

○ **기술을 몸에 익힐 수 있으니까!**

  혹시 여러분 중에도 뭔가를 배우다가 금방 포기하는 사람이 있나요?

  저는 어렸을 때 주산을 배우다가 금방 그만두었어요. 서예도 배웠지만 그리 꾸준히 배우지는 못했고요. 하지만 조금씩이라도 배워 두니 좋은 점이 있더라고요. 서예를 배운 덕분에 학교 붓글씨 시간에 한자의 삐침이나 파임 같은 부분을 어느 정도 따라 쓸 수 있었지요. 서예를 하면서 붓글씨를 쓰는 기본적인 기술을 익혔기 때문이에

==요.== 요즘도 가끔 서명을 할 때면, "교수님, 필체가 좋으시네요."라는 말을 듣기도 하고요. 모두 초등학교 때 서예를 배운 덕분이에요.

여러분도 무엇이든 배워 보세요. 작심삼일이라도 괜찮아요. 언젠가는 도움이 될 거예요. 기억을 더듬어 보니 저는 유도를 배운 적도 있고 이것저것 참 많이도 배웠어요. 지금 생각하면 모두 재미있었던 것 같아요.

돈이 많이 드는 건 부모님께 부담이 될 수 있지만, 돈을 들이지 않고도 배울 수 있어요. 전문적인 수업을 받지 않아도 배울 방법들은 있으니까요.

제 친구 중에 이란에서 온 친구가 있었는데, 그 친구는 브레이크 댄스를 아주 잘 췄어요. 어디에서 배웠는지 물었더니 그냥 남들이 추는 걸 보고 배웠다고 하더라고요. 학교나 학원에서 전문적으로 배운 게 아니어서 놀랐었지요. 배우려는 열정이 있으니 남들이 추는 걸 보고 계속 혼자 연습하면서 실력을 쌓았던 거예요.

==여기서 중요한 건 기술을 터득할 때까지 계속해야 한다는 거예요. 그렇게 하면 그 기술을 나의 것으로 만들 수 있어요.==

○ 포기하지 않는 힘을 기를 수 있으니까!

'무쇠도 갈면 바늘 된다.'라는 속담이 있어요. 무슨 일이든 포기하지 않고 꾸준히 노력하면 아무리 어려운 일이라도 해낼 수 있다는 의미예요. 세상에 노력해서 안 되는 일은 없어요. 여러분도 이 속담을 종이에 써서 책상 앞에 붙여 놓으세요. 계획했던 일을 도중에 그만두거나 포기하고 싶을 때, 여러분에게 큰 힘이 되어 줄 거예요.

==꾸준히 계속하는 습관이 생기면 무슨 일이든 쉽게 포기하지 않는 힘을 기를 수 있어요.==

무슨 일이든 될 때까지 계속하는 게 중요한 것이지 기간이 꼭 길어야 하는 건 아니에요.

예를 들어, 자전거를 배울 때 어느 순간 타는 법을 터득하고 나면 그때부터는 방법을 생각하지 않아도 탈 수 있어요. 그런데 그걸 깨닫기도 전에 포기해 버리면 영영 자전거를 탈 수 없게 되지요.

==처음에는 넘어지기도 할 거예요. 그래도 포기하면 안 돼요.== 참고 견디는 인내가 필요해요. 끝까지 해내겠다는 마음이 있으면 결국에는 누구나 자전거를 탈 수 있게 돼요. 계속 연습하다 보면 자전거 타는 기술을 익힐 수 있고, 포기하지 않고 노력한 결실을 얻을 수 있어요.

초등학교에서 배우는 곱셈, 나눗셈도 한 번만 이해하고 나면 잊어버리지 않지요? 모든 일이 그래요.

저는 어렸을 때 '겐다마'를 자주 가지고 놀았어요. 겐다마는 칼을 뜻하는 겐과 공을 뜻하는 다마의 합성어로, 실에 달린 공을 칼끝에 꽂아 넣으며 노는 일본의 전통 장난감이에요. 한국의 죽방울과 비슷한 장난감이죠. 이 장난감 놀이를 통해서도 집중력과 인내력을 기를 수 있어요.

겐다마의 둥근 공에는 구멍이 하나 있는데, 그 구멍에 칼끝이 들어가게 하는 기술이 있어요. 칼끝이 구멍에 쏙

들어갈 때면 기분이 참 좋지요. 쉽지는 않지만, 될 때까지 해 보는 거예요. 계속 연습하다 보면 백발백중 성공할 정도로 잘하게 돼요.
==만약 하다가 포기하고 싶어질 때는 '나는 지금 인내력 훈련 중이다.'라고 속으로 되뇌어 보세요.==

　제가 텔레비전 아침 방송 프로그램의 사회를 볼 때의 일이에요. 출연자들 사이에서 겐다마 이야기가 나왔어요. 저에게 할 수 있냐고 묻길래 "네. 해 본 지 오래되긴 했지만 한번 해 볼게요." 하고 도전했어요. 그랬는데 단번에 칼끝이 구멍에 쏙 들어가는 게 아니겠어요?
　생방송 중이었는데 어찌나 기분이 좋던지, 실전에 강한 저 자신에게 감탄했지요. 어렸을 때 포기하지 않고 연습하길 정말 잘했다는 생각이 들었어요.

　여러분에게 포기하지 않고 계속할 수 있는 건 무엇인가요? 예를 들어, 줄넘기를 좋아한다면 200번, 500번, 1,000번 이렇게 목표 횟수를 늘려 가면서 계속 도전해 보세요.
=='이거라면 계속해 볼 수 있을 것 같아.'라고 생각되는 일==

==을 찾아 도전해 보세요. 포기하지 않고 계속 도전하는 자신의 모습이 멋지다는 생각이 들 거예요. 이런 긍정적인 경험이 매우 중요해요.==

끈기를 가지고 해낸 경험은 공부하는 데도 매우 중요해요. 공부가 하기 싫고, 지루하고, 어려울 때 포기하지 않을 수 있는 힘이 생기니까요. 하기 싫은 공부를 해내는 것도 하나의 도전이라고 생각해 보세요. 도전해서 포기하지 않고 하다 보면, 공부도 바라는 만큼 잘할 수 있게 될 거예요.

끈기를 키우는 미션

➡ **'계속 노력하면 할 수 있다.'라는 믿음 갖기**
'틀림없이 할 수 있게 될 거야.', '틀림없이 바뀔 거야.'라고 믿는 게 중요해요. 지금까지 포기하지 않고 계속 노력한 덕분에 할 수 있게 된 일들을 떠올려 보세요.

➡ **실천한 것 기록하기**
어떤 일을 꾸준히 해 보기로 마음먹었다면, 달력이나 수첩에 그 일을 실천한 날짜들에 스마일 표시를 그려 넣어 보세요. 기록을 하게 되면 조금 더 열심히 해 보려는 의지가 생기거든요.

3
준법성은
왜 중요한 걸까요?

◐ 자제력이 생기니까!

준법성은 법이나 규칙을 잘 지키려는 마음가짐이에요. 준법성을 기르면 자제력이 생겨요. <mark>자제력이란 하고 싶어도 참고 견디는 힘을 뜻해요.</mark> 예를 들어, 과자를 먹고 싶지만 방금 이를 닦았으니 오늘은 참고 내일 먹어야겠다고 생각하는 것도 자제력이라 할 수 있어요. 자제력이 있는 사람은 참고 견디는 능력이 있는 사람이에요.

아무리 친구가 같이 하자고 해도 절대 해서는 안 되는

일들이 있어요. 어떤 물건이 갖고 싶다 해서 가게에서 돈을 내지 않고 마음대로 가져가는 일 같은 거지요. 절대 해서는 안 되는 행동이에요. 그건 절도에 해당하는 범죄거든요.

자제력은 살아가면서 꼭 필요한 능력이에요. ==이미 정해져 있어서 그냥 따라야 하는 규칙 말고 자기 스스로 필요한 규칙을 정해서 자제하는 연습을 해 보는 것도 좋아요.== ==자제력은 자신의 감정이나 욕구를 스스로 억제하면서 성장할 수 있는 힘이 되어 줄 거예요.==

● 규칙을 잘 지키면 더 좋은 사회가 되니까!

규칙을 잘 지키지 않고 뭐든 자기 마음대로 하려는 사람이 있어요. 그런 성격은 어른이 된 이후에는 고치기가 더 힘들어요.

만약 그런 사람이 운전면허를 땄다고 생각해 보세요. 오른쪽, 왼쪽 주변은 잘 살펴보지도 않고 그저 앞만 보고 엄청난 속도로 달린다면 어떻게 될까요? 골목길에서 자전거가 튀어나오면 그대로 부딪히고 말 거예요.

운전할 때 주위를 제대로 살피지 않는 건 교통 법규 위반에 해당해요. 어쩌면 경찰서에 잡혀가게 될지도 몰라요. 누구든 아차 하는 순간에 교통 법규를 위반하고 심지어 교통사고까지 일으킬 수 있어요. 그러니 어렸을 때부터 평소에 반드시 규칙을 지키는 습관을 길러야 해요.

요즘에는 전화로 상대방을 속이고 돈을 가로채는 금융 사기 범죄인 보이스피싱이 있어요. 나이가 많은 사람들에게 전화를 걸어 "엄마, 전데요……"라면서 자식인 척하고는 "제가 사고를 쳐서 돈이 급하게 필요한데요, 지금 돈 좀 보내 주세요."라고 거짓말을 해서 돈을 가로채는 사기 수법이에요.

사기범들은 경찰에 붙잡혀서 감옥에 가게 돼요. 그런데 감옥에 다녀와서도 또다시 범죄를 저지르는 사람이 많아요. 규칙을 제대로 지키지 못하는 사람은 반복해서 범죄를 저지르는 경우가 많기 때문이에요.

또 그런 사람들은 남을 속여서 빼앗은 돈을 아무런 죄의식 없이 써요. 그런 사람이 되지 않으려면, 일단 가장 기본적으로 규칙을 잘 지키도록 노력해야 해요.

규칙을 어기지 않겠다는 생각은 너무 당연하고 간단한 목표라고 여겨질 수도 있어요. 하지만 이건 굉장히 중요한 생각이랍니다.

 규칙은 '사회 전체의 이익'을 위해 만드는 거예요. 그래서 어떤 사람들에게는 규칙이 조금 불편하게 느껴질 수도 있지요. 그래도 정해진 규칙은 지켜야 해요. 규칙을 자꾸 어기다 보면 그게 습관이 되어 버리거든요.

 초등학교, 중학교, 고등학교를 정상적으로 다니고 졸업한다면 나도 모르게 규칙을 잘 지키는 사람이 되어 있을 거예요. ==어려서부터 귀찮더라도 규칙은 지켜야 한다는 사실을 배우고, 초등학교부터 고등학교까지의 집단생활을 통해 규칙을 지키는 습관이 몸에 배기 때문이지요.==

최근에는 한국이나 일본의 축구 선수들이 유럽에 진출하는 일이 많아졌어요. 대체로 한국인이나 일본인은 외국에 나가서도 규칙을 잘 지키고 지각도 하지 않는 편이에요. 그래서 어디에 가서도 한 조직의 일원으로서 성실하게 활동한다는 좋은 평을 받는 경우가 많지요.

● 더 나은 사회를 만들 수 있으니까!

규칙은 대부분 사람들의 안전이나 이익을 지키기 위해서 만들어요. 안전이나 이익에 맞지 않으면 법도 바꾸거나 없애기도 하지요.

혹시 '이런 규칙은 없어도 되지 않을까?'라고 생각하는 규칙이 있다면 바꿔 볼 수도 있어요. 요즘 학교에서 머리 모양이나 복장 등에 대한 규칙이 바뀌고 있는 것처럼요.

규칙은 변할 수도 있어요. 어떤 규칙은 처음 정할 때와 달리 효율적이지 않거나 사람들의 안전과 건강에 좋지 않다는 게 나중에 밝혀지기도 해요. 새로운 사실이 밝혀지거나 사람들의 생각이 바뀌면 그때마다 규칙도 바뀔 수 있어요.

어떤 규칙에 대해 이의를 제기하는 사람이 있다면 그 규칙이 없어져도 괜찮은지 시험해 볼 수 있을 거예요. 그리고 규칙이 없어져도 문제가 발생하지 않는다면 규칙을 없애도 되겠지요. 그렇게 규칙에 관한 생각을 바꾸어 보는 것도 좋아요.

준법성을 키우는 미션

➡ 재미있는 규칙 만들어 보기

축구는 골키퍼를 제외하고는 '손을 사용하면 안 된다.'는 규칙이 있어요. 운동이나 놀이 등을 할 때 축구처럼 '○○○하면 안 된다.'는 규칙을 만들어서 실제로 적용해 보세요. 단, 위험한 행동은 안 돼요.

➡ 이 세상의 멋진 규칙 찾아 보기

규칙은 간단하고 정확할수록 좋아요. 예를 들면, 가위바위보를 할 때는 가위, 바위, 보, 세 가지 중 한 가지만 내야 한다는 정확한 규칙이 있지요. 이처럼 간단하고 정확한 규칙을 한번 찾아 보세요.

4 협조성은 왜 중요한 걸까요?

○ 진정한 목적에 집중할 수 있으니까!

단체나 조직에 협조적으로 응하는 태도를 협조성이라고 해요. 협조성은 사회생활을 잘하기 위해 꼭 필요한 능력이기도 하지요.

사람마다 자기만의 방식이 있다고 생각할 수도 있어요. 하지만 만약 모두가 정해진 시간에 모이기로 했는데, 자기 마음대로 30분 늦게 오는 사람이 있다면 어떻게 될까요? 그 한 사람 때문에 나머지 사람들 모두가 30분씩 시간을 낭비하게 되겠지요.

지각한 사람은 시간을 제대로 지키지 않았기 때문에 협조성이 부족하다는 말을 듣게 될 수도 있어요.

다른 사람들의 의견이나 주장에 따르는 걸 '동조'라고 해요. ==항상 남의 의견에 동조할 필요는 없지만, 협조적인 태도는 필요해요.==
예를 들어, 합창 대회에서 함께 부를 곡이 정해졌는데, 곡이 마음에 들지 않는다는 이유로 대회에 참가하지 않겠다는 사람이 있다면 어떻게 될까요?
합창 대회에 참가하는 진정한 목적이 무엇인지 생각해 봐야 해요. 자기가 부르고 싶은 노래를 부르는 게 목적이라면 각자 한 명씩 노래를 부르는 독창 대회에 나가는 게 좋겠지요. ==이미 정해진 것이라면, 별로 마음에 들지 않더라도 함께 최선을 다하려는 자세가 필요해요. 그게 바로 협조성이에요.==

협조성이 부족한 사람들 중에는 간혹 천재적인 재능을 가진 사람이 있어요. 만약 기타를 정말 잘 치는 사람이 있다면, 그 사람은 합창 대회에서 기타를 치며 노래를 부르게 할 수도 있겠지요. 한 사람만 다른 무언가를 하면 더욱 특별하고 멋진 합창이 될 수도 있어요.

저도 천재라 불리는 사람을 만난 적이 있어요. ==‘천재’라고 하면 남들과는 다른 독특한 사람일 거라는 선입견이 있는데 그 사람을 실제로 만나 보니 협조성이 뛰어났어요.== 이렇게 천재 중에도 다른 사람들과 원만하게 잘 지내는 사람이 많아요.

축구 천재라 불리는 리오넬 메시를 예로 들어 볼까요? 메시는 최다 득점을 기록할 만큼 골을 잘 넣는 선수지만, 혼자만 골을 넣으려고 하지 않고 다른 선수에게 패스도 많이 해요. 그런데 메시로부터 공을 받은 동료 선수가 득점에 실패할 때도 많지요. 이때 메시는 화를 내지 않고 다음 기회에 골을 넣으면 된다고 동료를 격려한다고 해요.

만약 그런 상황에서 "뭐 하는 거야! 똑바로 안 해?"라고 말한다면, 그 사람은 협조성이 부족한 거예요. 반대로 동료가 득점에 실패하더라도 "괜찮아. 다음 기회에 넣으면 돼. 모두 힘내서 꼭 이기자!"라며 팀 전체의 사기를 올린다면, 그 사람은 협조성이 뛰어난 거지요.

팀 스포츠에서 어떤 사람은 자신이 주전 선수로 뽑히

지 못하면 불만 가득한 표정으로 화를 내기도 해요. 그러면 팀 전체 분위기가 나빠져요. 주전에서 제외되어 조금 속상하더라도 팀의 사기를 먼저 생각하는 사람이 되어야 나중에 더욱 성장할 수 있어요. ==진정한 목표를 이루기 위해서는 모두가 한마음이 되어 노력하려는 마음가짐이 중요해요.==

○ 모두가 힘을 합쳐 하나의 목표를 이룰 수 있으니까!

협조는 모든 사람이 같은 일을 해야 한다는 게 아니에요. 각자 잘할 수 있는 일에 능력을 발휘함으로써 모두의

==힘을 합쳐 하나의 목표를 이루는 것, 이것이 협조의 진정한 목적이에요.==

 여러분이 좋아하는 애니메이션 영화를 예로 들어 볼까요? 한 편의 영화를 만들기 위해서는 많은 사람의 노력이 필요해요. 각자가 잘하는 분야의 일을 맡아서 결국 하나의 작품을 완성하는 거지요.
 먼저, 만화가가 캐릭터를 디자인하고 원안을 그려요. 그러면 애니메이터가 캐릭터나 배경들의 움직임을 그리지요. 성우는 만들어진 영상에 목소리를 입히고, 그 목소리를 녹음하는 사람도 필요해요. 이렇게 애니메이션 영화가 완성되면 영화의 홍보를 담당하는 사람이 홍보를 해요.
 영화 주제가만 해도 작사가와 작곡가가 있고, 가수와 연주자 그리고 만들어진 곡의 음원 판매를 담당하는 사람이 있어요. 이렇게 생각하면 하나의 결과물을 만들기 위해 엄청나게 많은 사람이 서로 협력한다는 사실을 알 수 있어요.

 저는 영화 보는 걸 좋아해서 자주 극장에 가요. 영화 상영이 끝나면 바로 자리에서 일어나 밖으로 나가는 사람들이 있어요. 하지만 저는 여러분이 영화가 끝나고 만든 사람들의 이름이 소개되는 엔딩 크레딧을 보며 마지막까지 영화의 여운을 느껴 보면 좋겠어요. 만든 사람들의 이름이 올라가는 걸 보고 있으면 ==우리가 사는 이 세상은 서로 협조하고 협력하는 마음들이 모여 만들어 가고 있다는 사실을 깨닫곤 해요.==

협조성을 키우는 미션

➡ 내 주장만 하는 '그래도', '하지만' 같은 말 하지 않기
일단 상대방의 말을 끝까지 들으세요. 내 의견을 앞세울 생각으로 '그래도', '하지만'과 같은 말로 시작하기보다 '이런 것도 생각해 볼 수 있지 않을까?' 하고 의견을 덧붙이는 게 좋아요.

➡ 다른 사람 칭찬하기
신기하게도 칭찬은 받는 사람은 물론이고 칭찬을 하는 사람의 기분까지 좋아지게 만들어요. 간단한 칭찬이라도 좋아요. 진심을 담아 다른 사람을 칭찬해 보세요.

5
상상력은 왜 중요한 걸까요?

○ **상상만으로도 즐거워지니까!**

　일본어에서 '상상'과 '창조'를 뜻하는 단어는 모두 똑같이 '소우조우'라고 발음하지만 한자가 달라요. 우선, '상상'은 생각할 상(想), 모양 상(像) 자를 써요. 머릿속으로 무언가를 떠올려 그려 본다는 뜻이지요. '창조'는 지금까지 없던 걸 새롭게 만들어 낸다는 의미로, 비롯할 창(創), 지을 조(造) 자를 써요. 두 단어 모두 만든다는 의미를 지니고 있어요.

　무언가를 만들기 위해서는 상상과 창조가 필요해요. 아

==직 세상에 존재하지 않는 걸 떠올려 보는 상상을 하는 건 참 재미있는 일이에요.==

상상력은 어떻게 키울 수 있을까요? 먼저 '이런 게 있으면 좋겠다.' 또는 '이런 게 생기면 좋겠다.'라는 걸 한번 생각해 보는 거예요.

제가 어렸을 때는 드론 같은 건 상상조차 못했어요. 그런데 지금은 드론을 이용해서 다양한 물건을 운반하지요. 만약 드론이 사람을 태우고 날아다닐 수 있게 된다면 정말 재밌을 것 같지 않나요?

==우리는 지금 공상이 곧 현실이 되는 시대에 살고 있어요. 그러니 우선 상상을 해 보는 거예요.== 계속 생각하다 보면 그 상상을 실현할 길이 보이게 될 거예요.

새로운 놀이에 이름을 붙여 보는 것도 재미있어요. 이렇게 이름을 짓는 것을 '네이밍'이라고 해요. 예를 들어, 몸을 흐느적흐느적 움직이는 놀이가 있다면 이 놀이를 '문어 놀이'라고 이름 붙여 보는 거지요.

제가 초등학교 때 '라면'이라는 별명을 가진 친한 친구가 있었어요. 머리털이 라면처럼 꼬불꼬불한 곱슬머리였기 때문에 그런 별명이 생겼지요.

　요즘은 함부로 다른 사람의 별명을 짓고 별명으로 부르는 건 예의가 아니라고 생각해요. 그래서 저는 제가 가르치는 학생들에게 자신의 별명을 스스로 정하게 하고 있어요. 외국인이 아니지만 자신을 '텍사스'나 '잭'이라고 불러 달라는 학생도 있었지요. 별명이 있으면 그만큼 기억하기도 쉬워져요.

　또는 새로운 캐릭터를 생각해 보는 것도 좋아요.
　구마몬, 리락쿠마, 곰돌이 푸……. 곰과 관련된 캐릭터만 해도 참 다양하지요? 만약 여러분이 좋아하는 캐릭터가 안경을 쓴다면 어떨지 한번 상상해 보세요.

○ **새로운 발명을 통해 사회 공헌을 할 수 있으니까!**
==새로운 걸 만들어 내는 건 세상에 새로운 가치를 만들어 내는 것과 같아요. 사회에 공헌한다고 볼 수 있지요.==

　요즘은 친구들과 함께 네 컷 사진을 찍는 게 유행이라지요? 네 컷 사진이 인기를 끌기 전에는 일본에서 발명된 스티커 사진이 유행했어요. 스티커 사진기로 사진을 찍은 다음 예쁘게 꾸민 후 인쇄하면 스티커 형식으로 인쇄가 되어 나와서 친구들과 쉽게 나눠 가질 수 있었지요. 이 기계를 발명한 사람은 평범한 회사원이었는데, 스티커 사진기 발명으로 엄청난 이익을 얻었다고 해요.

노래방도 마찬가지예요. 제가 20대 때까지는 반주에 맞춰 노래를 부를 수 있는 곳이 술을 마시는 가게뿐이었어요. 노래를 부르려면 모르는 사람들과 섞여 순서를 기다려야 했지요. 앞 사람들의 노래를 다 들어야만 내 차례가 돌아오니까 기다리는 게 참 지루했어요.

그런데 어느 날 노래방이라는 곳이 생겨났지 뭐예요? 그 전까지는 누구도 생각하지 못한 '노래'와 '방'의 개념을 연결한 사람이 있었던 거예요. 노래방에서는 친구들끼리만 한 방에 들어가서 노래를 부르기 때문에, 내 차례가 빨리 돌아와요. 저는 친구들과 신나게 노래를 부르다가 밤을 새운 적도 있었지요.

  노래방의 발명에서 창조에 관한 큰 힌트를 얻을 수 있어요. 왜냐하면, <mark>노래방의 발명은 엄청난 재능을 가진 사람이 아니라, 발상을 새롭게 한 사람이 이뤄 낸 것이기 때문이에요.</mark>
  노래 없이 녹음된 반주에 맞춰 마이크로 노래를 부르는 것! 아주 간단한 발상이지만, 그 전까지는 아무도 생각해 내지 못했던 거지요. 일본에서 생겨난 이 노래방은 '가라오케'라는 이름으로 전 세계에 알려졌어요. 발상이 정말 신선하고 좋았던 거지요.

  <mark>새로운 발견이나 아이디어도 이미 존재하는 것들의 조합인 경우가 많아요.</mark> 서로 연관성이 전혀 없어 보이는 것들이 서로 합쳐져서 세상이 깜짝 놀랄 만한 것들로 탄생

하기도 하고요. 여러분이 상상하는 것도 현실로 이루어 질지 몰라요.

　상상력을 키우는 것은 공부에도 도움이 돼요. 교과서에는 딱 한 줄로 간단히 설명된 것이 많아요. 그런 것들을 상상력을 발휘해 다른 것으로 확장해 보거나 다른 것과 연결해 생각해 보는 거예요. 그러다 보면 간단한 일에서 크고 복잡한 의미를 발견하거나 깨달을 수 있어요.

상상력을 키우는 미션

▶ **100년 후의 미래 그려 보기**
1년 후, 5년 후 그리고 100년 후에는 어떤 세상이 될지 상상해서 그려 보거나 다른 사람에게 이야기해 보세요. 또 '만약 내가 ○○○라면?' 하고 상상해 보는 것도 재미있어요.

▶ **새로운 것에 네이밍 해 보기**
마트에 신상품이 출시되면 나만의 이름을 붙여 보세요. 또, 이미 있는 물건을 조금 변형시켜서 어떤 새로운 것을 만들 수 있을지 한번 생각해 보세요. 그리고 새 이름도 지어 보세요.

6
회복 탄력성은
왜 중요한 걸까요?

◉ 넘어져도 다시 일어설 수 있으니까!

회복 탄력성이란 어려움이나 실패, 고난에도 꺾이지 않고 다시 일어서는 힘을 뜻해요. 어려운 상황을 이겨 내고 극복하는 사람은 회복 탄력성이 강한 사람이라고 할 수 있어요.

플라스틱 책받침을 너무 심하게 구부리면 부러지지만, 살짝만 구부렸다가 손을 떼면 다시 원래대로 돌아오지요. 이처럼 회복 탄력성이 강한 사람은 어떤 일에 실패했거나 힘든 일이 있어도 금방 안정된 심리 상태를 되찾을

==수 있어요.==

 여러분 주위에 어떤 일에 실패했다고 계속 우울한 기분에서 헤어 나오지 못하는 친구가 있다고 생각해 보세요. 그런 친구를 계속 위로하고 격려하는 건 그리 쉬운 일이 아니에요. ==그래서 자기 기분을 스스로 회복할 수 있는 능력이 필요해요.==

 저는 대학 입학시험에 떨어진 적이 있어요. 물론 속상하고 우울했지만, 기분을 전환하려고 노력했어요. 전보다 더 열심히 공부하려고 했고, 틈틈이 책도 많이 읽었지요. 재수를 하는 동안 저처럼 입학시험에 떨어진 친구들과 서로를 격려하면서 아주 열심히 생활했어요. 1년이 지났을 때는 첫 번째 입시에 실패하길 잘했다는 생각이 들 정도였지요.

 제가 근무하는 대학에는 원래 가고 싶었던 대학에 떨어져서 할 수 없이 우리 학교에 온 학생들도 있어요. 그런 학생들은 입학식 후에도 기운이 없고 우울해 보였어요.
 그 학생들에게 어떤 말을 해 주면 좋을지 생각하다가, '비록 이 대학이 자네가 가장 바라던 학교가 아닐지는 모르지만, 자네가 이 학교의 명성을 높이겠다는 생각으로 공부해 주길 바라네.'라고 말해 주었어요. 다른 학교에 대한 미련이나 좌절감 등을 떨쳐 버리길 바랐기 때문이에요. 또, 제가 열심히 강의를 준비할 테니 학생들은 새로운 기분으로 열심히 공부해 주길 바라는 마음도 있었어요.

  제 말을 들은 학생 중 몇몇은 입학하고 3개월 정도가 지난 뒤 이 대학에 오길 잘했다고 저에게 말해 주기도 했어요. 기분을 바꿔 생활하니 생각도 바뀐 것이지요.

  기분이 우울할 때는 긍정적인 친구가 곁에 있으면 좋아요. 그러면 내 기분도 긍정적으로 변하거든요.

  어떤 지역에 큰 재해가 발생하면 주민들은 충격을 받고 많은 어려움을 겪게 돼요. 하지만 그중에는 다시 기운을 내서 도시를 복원하려고 애쓰는 사람들이 있어요. 사람들은 그들을 보면서 '나도 언제까지 이러고 있을 수만은 없어.'라고 생각하게 되고 다시 일어설 힘을 얻지요.

  너무 괴롭고 힘들 때는 혼자의 힘으로만 이겨 내려고 하지 말고 주위를 돌아보세요. 여러분이 힘을 내는 데 본보기가 되는 사람을 찾을 수 있을 거예요. 그런 사람을 보며 용기를 내거나 도움을 청해 보세요.

저는 매년 일본 전국 고교 야구 선수권 대회를 보러 가요. 그때마다 학생 응원단이 자기 학교를 응원하는 모습이 정말 보기 좋아요.

벤치에는 주전에 뽑히지 못한 3학년 선수들도 있어요. 벤치에 앉아서 시합에 나간 1학년 동생을 목이 터져라 응원하는 모습을 보면 가슴이 벅차올라요.

자기도 시합에 나가고 싶을 텐데 그러지 못하니 얼마나 속이 상하겠어요? 그런데도 팀이 시합에서 이길 수 있게 열심히 응원하는 거예요. ==괴롭고 속상한 기분을 떨쳐 버리고 극복하기 위해 노력하는 거지요.==

● 혼자 끙끙대지 않게 되니까!

 좌절을 극복하고 회복하기 위해서는 책을 읽는 게 큰 도움이 돼요. 마음이 힘들 때는 고난을 극복한 사람들의 책을 한번 읽어 보세요.

 예를 들면,《안네의 일기》예요. 안네 프랑크는 나치 독일 때 숨어 살던 유대인 소녀였어요. 발각되면 강제 수용소에 끌려가 죽임을 당할 상황이었지요. 안네는 일기장에 '키티'라는 이름을 붙이고, 친구에게 말하는 형식으로 일기를 썼어요. '오늘은 우울하고 슬픈 기분이 들어.' 또는 '좋아하는 남자아이의 이런 부분이 마음에 들어.'라며 친구에게 편지를 쓰듯 자신의 심정을 써 내려갔어요. 이런 책을 읽다 보면 나의 고민은 별것 아니라는 생각이 들게 되지요.

 힘든 일을 끌어안고 혼자 끙끙댄다고 강한 사람이 되는 건 아니에요. 힘든 일이 있을 때는 그 기분을 밖으로 표현하는 게 중요해요.

 일본 애니메이션 <마루코는 아홉 살>의 주인공인 마루코에게는 무슨 일이든 터놓고 이야기할 수 있는 타마라는 친구가 있어요. 여러분에게도 마음을 터놓고 이야기

==를 나눌 수 있는 상대가 있나요? 이야기하고 나면 기분이 나아지는 사람이 누구인지 생각해 보세요.== 가족이나 친구도 좋고, 강아지나 고양이, 물고기도 괜찮아요.

제가 가르치는 학생 중에 기차를 정말 좋아하는 기차 마니아가 있어요. 그 학생은 힘든 일이 생길 때면 기차를 타고 아주 먼 곳까지 간대요. 갔다가 다시 돌아올 때쯤에는 힘들게 느껴졌던 일이 별것 아닌 것처럼 가볍게 느껴진다고 하더라고요.

회복 탄력성을 키우는 미션

➡ 힘들다고 느껴질 때 한 번 더 해 보기
여러분은 팔 굽혀 펴기를 몇 개까지 할 수 있나요? 너무 힘이 들어서 더는 못 하겠다는 생각이 들 때, '한 개만 더!' 하면서 힘을 내 보세요. 그럴 때 참고 이겨 내는 힘이 길러져요.

➡ 기분 전환에 도움이 되는 것 알아 두기
저는 초콜릿 아이스크림을 먹으면 기분이 좋아져요. 여러분도 좋아하는 음식이나 동물, 장소 등 기분을 전환하는 데 도움이 되는 것을 찾아 두세요. 그럼 기분을 전환하기가 좀 더 쉬울 거예요.

7
매니지먼트 능력은 왜 중요한 걸까요?

● **사람을 움직이게 하는 힘을 기를 수 있으니까!**

여러분, 매니지먼트라는 말을 들어 본 적이 있나요? ==매니지먼트란 회사를 경영하거나 관리하는 능력을 말해요.== 유명한 경영학자인 피터 드러커는 회사 업무에서는 매니지먼트 능력이 매우 중요하다고 말했어요. 회사에서뿐만 아니라 다른 분야에서도 ==매니지먼트 능력이 뛰어나면 좋은 성과를 낼 수 있어요.==

일본의 소니라는 회사는 예전에 전자 제품을 만드는 회사로 유명했어요. 하지만 최근에는 게임 개발 사업으로 엄청난 수익을 내고 있어요. 회사 대표의 매니지먼트 능력이 뛰어나면 회사가 단기간에 급성장하기도 해요.

학교에서 매니지먼트 능력이 필요할 때는 언제일까요?
중학교나 고등학교 동아리 활동에서 매니저가 하는 역할도 매니지먼트라고 할 수 있어요. 매니저는 대회나 시합 일정과 관련된 전반적인 업무를 담당해요. ==시합에 나갈 준비를 하고 부원들에게 연습 시간을 공지하는 일도 하고요. 매니저는 겉으로 드러나지는 않아도 동아리 활동 전체를 관리하는 중요한 존재지요.==
학교에서 다음 달에 전교생 가위바위보 대회를 열기로 했다고 가정해 볼까요? 전교생이 토너먼트 방식으로 가위바위보를 한 뒤, 마지막까지 남은 최종 승리자에게 메달을 수여하기로 했어요. 이런 대회를 열기 위해서는 어떤 방식으로 진행할지 기획하고 장소도 확보해야 해요. 대회에 참가하는 건 간단하지만, 그 대회를 준비하려면 많은 준비가 필요해요. 이러한 준비 과정 전체가 바로 매니지먼트랍니다.

제가 가르치는 학생 중에 졸업 후에 도쿄 도청에 들어

간 학생이 있어요. 거기서 하게 된 일이 2021년에 열린 도쿄 올림픽 매니지먼트였다고 해요.

　각국의 선수와 관계자의 수, 관객의 수를 예상하고 그에 맞춰 필요한 것을 준비했대요. 또 선수단이나 관계자의 숙소는 어디로 할지, 숙소에서 대회장까지의 이동은 어떻게 할지, 숙소에서 식사를 어떻게 제공할지 계획했고요. 이렇게 매니지먼트를 담당한 사람들이 준비를 철저히 한 덕분에 선수들은 올림픽에서 마음껏 기량을 뽐낼 수 있었지요.

　사람들을 움직이거나 어떤 일을 계획하고 처리하는 데 능숙한 사람들이 있어요. 이런 사람이 바로 매니지먼트 능력이 뛰어난 사람이에요.

● 좋은 방법을 생각해 내는 힘이 길러지니까!

　매니지먼트 능력을 키우려면 그저 남이 시키는 대로 하는 게 아니라 스스로 기획해 보는 경험이 필요해요.

　예를 들어, 여러분이 야구나 축구 같은 팀 스포츠를 하고 있다고 생각해 보세요. ==계속 연습을 하고 있는데 지금까지 좋은 결과를 얻지 못했어요. 그렇다면 연습 방법을 바꾸는 걸 생각할 수 있어요. 새로운 방법으로 연습을 해==

보자고 팀원들에게 제안해 보는 거예요.

새로운 방법으로 연습을 해 본 다음 모두의 의견을 확인한 후, 가장 좋은 방법이 무엇인지 생각해서 결정하면 돼요.

이렇게 전반적인 상황을 관리할 줄 아는 사람이 매니지먼트 능력이 뛰어난 사람이에요.

또, 팀 스포츠를 하다 보면 팀원 중 누군가가 다치거나 그만두는 상황이 생길 수도 있어요. 그런 상황에서 어떻게 하는 것이 최선인지 빠르게 판단하고, 그 팀원을 대신할 사람을 빨리 찾아내는 것도 매니지먼트 능력이라고

할 수 있어요. 영어 단어 'manage'에는 힘든 일을 어떻게든 해낸다는 의미도 있거든요.

○ 위기가 곧 기회라고 생각할 수 있게 되니까!
어려운 문제가 발생했을 때야말로 매니지먼트 능력을 발휘할 수 있는 절호의 기회예요. 어떤 일에 문제가 생겼을 때, "제가 해결해 볼게요!"라고 말한 뒤 방법을 찾아보세요.

만약 가족들과 식사하러 나왔는데, 가려고 했던 식당이 문을 닫았다면 당황스럽겠지요. 문제 상황이 발생한 거지요. 이런 경우 어떻게 하면 좋을지 여러분의 매니지먼트 능력을 한번 발휘해 보세요.

먼저, 스마트폰으로 가족들과 함께 가고 싶은 음식점의 키워드를 검색해 보는 거예요. 인터넷에서 음식점 인기 순위를 찾아 볼 수도 있고요.

검색을 해 보았더니 인기 순위 1위인 식당은 오늘 영업을 하지 않는다고 나와요. 그렇다면 차선책으로 2위인 곳을 알아볼 수 있을 거예요. 전화를 해 보니 그 식당은 영업 중이고 지금 출발해도 식사를 할 수 있다고 해요. 이제

가족들에게 그 식당으로 가자고 제안한 뒤, 부모님께 내 비게이션에 찍을 목적지 주소를 말씀드리면 돼요. 이런 방식으로 문제를 해결할 수 있어요.

'이런, 식당이 문을 닫았잖아! 망했다.'라고 생각하지 말고, ==상황을 긍정적으로 생각하고 해결 방법을 찾아 보세요. 그러면 상황을 더 즐겁고 좋게 해결할 수 있어요.== 이런 매니지먼트 능력이 뛰어난 사람은 자연스럽게 단체의 리더 역할을 하게 돼요.

매니지먼트 능력을 키우는 미션

➡ 식당 예약해 보기
가족 모임을 할 때, 가족들의 의견을 종합해서 여러분이 직접 식당 예약을 해 보세요. 아니면 식당에 갔을 때, 가족들이 먹을 음식을 주문하는 역할을 해 보는 것도 좋아요.

➡ 요즘 인기가 많은 곳 조사해 보기
인기가 많은 가게의 비결을 찾아 보세요. 실내 장식이 멋지다거나 상품 종류가 다양하다거나, 분명히 뭔가 특별한 이유가 있을 거예요. 그 이유를 찾아 내가 만약 가게를 연다면 어떻게 할지 계획해 보세요.

8
배려심은
왜 중요한 걸까요?

● **역지사지의 마음으로 생각할 수 있게 되니까!**

여러분은 '역지사지(易地思之)'라는 말을 들어 본 적 있나요? 역지사지는 서로의 처지를 바꾸어서 생각한다는 고사성어예요. 다른 사람과 어울려 살아가기 위해서는 이런 역지사지의 마음가짐이 꼭 필요해요.

예를 들어, 여러분이 새로운 학교로 전학을 했다고 생각해 보세요. 새 학교에 등교한 첫날, "나는 ○○○라고 해. 앞으로 잘 부탁해."라고 인사를 한 뒤 자리에 앉았어요. 그때 옆자리에 앉은 친구가 "오늘 수업은 여기부터

야."라며 교과서 몇 쪽을 펼쳐야 할지 알려 준다면 어떨까요? 수업을 듣는 데도 도움이 되고 긴장도 풀리면서 기분이 좋아질 거예요.

==배려심이 많은 사람은 상대가 어떤 도움이 필요한지, 힘든 점은 없는지 알아차리는 능력이 뛰어나요.==

또, 쉬는 시간에 어떤 친구가 "같이 놀자. 전에 다니던 학교에서는 뭐 하고 놀았어?" 하고 말을 걸어 준다면 친구들과 금방 친해질 수 있겠지요.

==배려는 다른 사람을 도와주려고 마음을 쓰는 거예요. 배려심이 많은 사람은 주변 사람들이 스트레스를 받지 않도록 해 주고, 외롭다는 생각이 들지 않도록 따뜻하게 대해 주지요.==

누군가에게 먼저 다가가 말을 걸거나 인사를 하는 배려는 어른이 되어서도 꼭 필요한 능력이에요.

대학교에서 수업을 듣다 보면 네 명이 한 조가 되어 과제를 해야 할 때가 있어요. 그런데 이때 이미 친한 세 명과 전혀 모르는 한 명이 같은 조가 될 수도 있지요. 이런 상황에서 친한 학생들이 자기들만 아는 이야기를 계속한다면 어떨까요? 나머지 한 명은 자기만 소외됐다고 느낄 거예요. 이런 경우에는 이미 친한 세 명이 나머지 한 명을 배려해서 그 학생에게 적극적으로 말을 걸어 주는 게 좋아요.

○ 친절한 사회를 만들 수 있으니까!

저는 책을 읽는 사람은 모두 마음이 따뜻하다고 생각해요. 하지만 따뜻한 마음이 있어도 행동으로 표현하지 않으면 상대에게 아무런 도움이 되지 않아요. ==상대를 위해 내가 할 수 있는 일이 무엇인지 생각하고 그것을 행동으로 옮기는 힘! 그게 바로 배려의 힘이에요.==

만약 따돌림을 당한다면 누구든 힘들고 괴로울 거예요. 내가 그 사람의 입장이 되어서 생각해 보면 쉽게 알 수 있어요.

그러니 혹시라도 주변에 괴롭힘을 당하는 친구가 있다면 일단 그 친구에게 말을 걸어 보세요. 어떤 말이라도 좋으니 이야기를 나눠 보는 거예요. 아니면 그 친구가 다른 친구로부터 괴롭힘을 당했다고 선생님께 알리는 것도 좋은 방법이에요. 그래야 선생님이 도움을 주실 수 있어요. ==서로서로 배려하는 마음을 가지면, 누군가가 소외되거==

==나 차별받는 일이 줄어들 거예요. 배려심이 깊은 사람들이 많을수록 우리 사회는 점점 더 살기 좋게 변할 거고요.==

 국제 연합이 세운 '지속 가능 발전 목표' 중에는 차별을 없애고 평등한 세상을 만들기 위한 목표가 많아요. 그중에 성 평등이 있어요. 모든 사람은 성별 때문에 차별받지 않고, 정치·경제·사회·문화적으로 평등한 대우를 받아야 지속 가능한 발전을 이룰 수 있어요.
 세계에는 아직도 성별뿐만 아니라 인종이나 나이, 종교, 장애 등으로 차별을 하는 곳이 많아요. 차별 대우를

받는 사람들은 마음에 상처를 입어요. 모두 서로를 배려하는 마음으로 평등한 사회를 만들도록 노력해야 해요.

많은 국가에서 어려운 사람을 배려하기 위한 법을 만들어 시행하고 있어요. 생활이 어려운 국민은 국가로부터 경제적인 지원을 받을 수 있지요. 저는 국가가 이런 일을 하도록 세금을 내는 것도 하나의 배려라고 생각해요.

배려는 마음에서 우러나오는 행동이에요. 다친 사람을 보고 아프겠다고 느끼거나, 어려운 일을 당한 사람을 보고 힘들겠다고 느끼는 마음이 배려의 시작이지요.

◎ 나 자신도 소중하게 생각하게 되니까!

다른 사람에 대한 배려뿐만 아니라 자기 자신에 대한 배려도 필요해요.

혹시 콤플렉스라는 말을 들어 본 적 있나요? 콤플렉스는 대부분 열등감을 뜻하는 말로 쓰여요. 열등감이란 자기가 남보다 못하다고 느끼는 감정인데, 열등감이 심하면 자기 긍정력이 낮아져요.

제 친구 중에 사노라는 친구가 있는데, 달리기가 느리기로 유명했어요. 하지만 사노는 그걸 콤플렉스로 생각하지 않았어요. 체육 대회 날에 사노가 달릴 때면 모두가 손뼉을 치며 응원했어요. 배려심에서 나온 행동이었지요. 다른 사람에 대한 배려심이 깊고 자기 긍정력도 높았던 사노는 늘 친구들에게 손을 흔들며 결승점에 웃으면서 들어왔어요.

달리기가 느리면 느린 대로 있는 그대로의 나를 받아들이는 게 중요해요. 그리고 자기 스스로를 배려하는 마음이 있으면, ==있는 그대로의 자신을 받아들이는 자기 긍정력을 통해 콤플렉스를 장점으로 바꿀 수도 있어요.==

배려심을 키우는 미션

➡ 작은 것의 소중함 생각해 보기
여러분 주변에 있는 작은 것들을 소중히 여겨 보세요. 풀꽃이나 곤충, 새와 같은 동물도 좋아요. 작은 생명을 소중하게 생각하고 아끼는 마음을 가져 보세요.

➡ 식물 길러 보기
식물을 정성껏 키우고 보살핀 경험은 마음이 따뜻한 사람으로 성장하는 데 도움이 돼요. 화분에 때맞춰 물을 주고 볕 잘 드는 곳에 놓으며 정성을 다해 키워 보세요.

9 고독력은 왜 중요한 걸까요?

○ 지나치게 고민하지 않게 되니까!

고독력은 '혼자일 수 있는 힘'을 가리켜요. 여러분 중에도 친구가 없으면 외롭거나 고독하다는 느낌을 받는 사람이 있을 거예요. 그런데 스스로 고독을 택하는 것과 협조성이 부족해서 혼자가 되는 것은 조금 달라요.

물론 친구가 있으면 즐겁고 좋지요. 하지만 새 학년이 되어 반이 바뀌면 친한 친구가 별로 없는 경우가 생길 수도 있어요. 인간관계에 어려움을 겪다 보니 혼자 있을 때가 많다는 사람도 있고요.

만일 그렇다고 해도 너무 고민하거나 걱정할 필요는 없어요. 왜냐하면 혼자 있으면 책을 읽거나 그림을 그리는 등 내가 하고 싶은 걸 할 수 있는 시간도 많아지거든요. 그건 그 나름대로 좋은 점이 있어요.

물론 친구가 생기도록 사람들과 소통하려는 노력도 중요해요. 초등학교 때는 더더욱 그렇게 하는 게 좋지요. 하지만 ==때때로 찾아오는 고독이나 외로움이 그렇게 나쁜 감정이라고 생각할 필요는 없어요.==

==고독 속에서만 배울 수 있는 것도 있어요.==
미야자와 겐지는 애니메이션 <은하철도 999>의 원작 동화를 쓴 일본의 아동 문학가이자 시인이에요. 미야자와 겐지는 자기 고향에서 학교 선생님으로 아이들을 가르쳤어요. 그리고 학교 선생님을 그만둘 때 <고별>이라는 시를 썼어요.

시는 '==모두는 고독 속에서 자신을 단련한다.== 모두 함께 있는 것만이 좋은 것은 아니다.'라는 내용을 담고 있어요. 그리고 미야자와 겐지는 시의 마지막을 고독할 때는 '있는 힘을 다하여 하늘 가득하게 빛이 만들어 준 파이프오르간을 치면 되리니'라는 글귀로 끝맺어요.

==혼자서 무언가를 할 수 있다는 건 좋은 거예요.== 저는 누군가 함께 하지 않으면 아무것도 못 하는 것보다 훨씬 멋지다고 생각해요.

● 친구 관계를 유지하려 억지로 참지 않아도 되니까!

나에게 나쁜 말이나 행동을 하는 친구까지도 억지로 참아 가면서 같이 어울리는 사람들이 있어요. 하지만 그런 친구는 진정한 친구가 아니에요.

예전에 초등학생을 대상으로 친구는 없어도 된다는 내용의 책을 쓰려고 한 적이 있었어요. ==친구가 중요하긴 하지만, 잠시 친구가 없어도 자기가 좋아하는 일을 할 수 있는 시간이 많아지니까 괜찮다고요.== 그러니 나를 괴롭히는 사람까지 친구라고 생각하면서 억지로 함께 어울리려고 노력할 필요 없고 그런 친구라면 없어도 괜찮다고요.

그런데 제 아이에게 물어보니 "아니에요. 친구는 있어야 해요."라고 말하더군요. 맞아요. 친구는 필요해요. 하지만 ==친구가 없으면 큰일 나는 것처럼 심각하게 생각할 필요는 없다는 거예요.==

저는 아이의 말을 듣고 나서 《그런 친구라면 없어도 괜찮아》라는 책을 썼어요. 한국에서는 《쿠니쿠니의 진정한 친구 만들기 대작전》이라는 책으로 출간됐지요. 저는 이 책을 읽은 어린이 독자들로부터 진정한 친구의 의미를 깨달았고 혼자만의 시간도 두렵지 않게 되었다는 감사 편지를 많이 받았어요.

==친구는 진심으로 마음을 터놓고 이야기를 나눌 수 있는 한두 명만 있어도 돼요. 모든 사람과 사이좋게 지낸다는 건 사실상 어려운 일이에요.== 여러분에게 나쁜 말이나 행동을 하는 친구가 있다면 그 친구까지 억지로 사이좋게 지내려 하지 않아도 괜찮아요.

사이가 좋지 않은 친구와 억지로 잘 지내려 하다 보면 스트레스를 받게 돼요. 스트레스를 받아 몸도 마음도 상하는 것보다 혼자만의 시간을 갖는 것이 자신을 위해 더 좋을 수 있어요.

◯ 진정한 유대감이 무엇인지 깨닫게 되니까!

심한 고독감 때문에 견디기 힘들다면 학교에서 동아리 활동에 참여하거나 지역 사회에 있는 동호회 활동을 해 보는 것도 좋은 방법이에요. 어딘가에 소속되면 그 사람들과 유대감이 형성되면서 고독을 덜 느끼게 되거든요.

==그래도 고독하다고 느껴질 때는 책을 읽어 보세요.== 만화책도 좋고, 평범한 동화책도 좋아요. 공상 과학 소설이나 위인전도 좋고요. ==책을 읽다 보면 그 책을 쓴 작가와 내가 연결된 듯한 유대감이 생기거든요.==

==정서적 유대감이 있으면 혼자 있는 시간이 외롭지 않아요.== 혼자 그림을 그리거나 기타를 치는 시간도 즐겁게 느껴질 거예요. 혼자 있는 시간을 고독하다고 생각하지 말고, '혼자만의 시간'이라고 생각해 보세요.

재능이 너무 뛰어난 사람 중에는 어른이 되어서도 친구가 많지 않은 사람들이 있대요. 그러니까 친구는 있으면 좋지만, 친구가 없다고 해도 너무 심각하게 고민할 필요는 없는 거예요.

고독력을 키우는 미션

➪ 읽을 책 목록 만들기
저는 예전에 한 초등학생에게 편지를 받고 책을 추천해 준 적이 있어요. 만약 어떤 책을 읽어야 할지 잘 모르겠다면, 주변 사람들에게 책을 추천해 달라고 부탁해 보세요.

➪ 혼자서도 할 수 있는 놀이 찾기
저는 블록 쌓기를 좋아해서 혼자 있을 때 항상 블록을 갖고 놀았어요. 여러분도 종이접기나 퍼즐 맞추기, 그림 그리기 등 혼자만의 시간을 즐겁게 보낼 수 있는 놀이를 찾아 보세요.

나 자신을 위해 공부해요

우리는 '공부'를 통해 자신의 세계를 확장할 수 있어요. 점점 커지는 거미줄처럼 여러 방향으로 뻗어 나가는 자신의 모습을 상상해 보세요. 관심사의 폭이 넓고 다양한 활동을 하는 사람들은 자기 삶을 안정적으로 살아가요.

'나는 대체 누굴까?'라는 생각이 들 때가 있을지도 모르지만, 어렵게 고민할 필요가 없어요. 좋아하는 게 있는지, 그게 무엇인지가 중요해요. 좋아하는 것들이 모여 이루어져 있는 게 바로 나라고 생각하면 되거든요. 그리고 좋아하는 것의 영역을 점점 넓혀 가는 게 공부의 진정한 의미라 할 수 있어요.

예를 들어, 동물이 나오는 방송을 보다가 야생 동물에 흥미가 생겨 동물도감을 찾아보게 될 수도 있어요. 또는 영어 노래를 듣다가 서양 음악

이나 외국 소설에 흥미가 생길 수도 있지요. 이렇게 좋아하는 것에서 연결되기 시작한 새로운 배움을 통해 이전에는 관심을 가지지 않았던 영역으로까지 시야가 넓어질 수도 있지요.

궁금한 것이 점점 많아진다는 건 정말 즐겁고 멋진 일이에요.

==좋아하거나 잘하는 특기가 세 가지 정도 있으면 굉장한 무기가 될 수 있어요.== 특기가 하나뿐이라면 시합에서 이길 수 없어요. 그 기술이 막히면 끝이니까요. 하지만 특기가 세 가지 정도 된다면 그 기술들을 섞어서 새로운 전술을 만들 수도 있어요. 그러면 시합에서 이길 수 있는 확률이 더 높아지겠죠.

특기의 가짓수를 늘리는 것도 좋지만, 내가 무엇을 잘하는지 '깨닫는' 게 무엇보다 중요해요. 왜냐하면 나의 특기가 무엇인지 스스로 알아차

리기란 쉽지 않기 때문이에요. 그럴 때는 가족이나 친구들에게 내가 잘하는 게 무엇인지 한번 물어보세요.

제가 근무하는 대학의 학생들은 매년 취업 활동을 해요. 취업 활동이란 자기가 들어가고 싶은 회사에 '저를 뽑아 주세요.' 하고 지원하는 걸 말해요.

많은 회사로부터 합격 통지를 받는 학생들의 공통점을 찾아 보면, 적극적으로 배울 자세가 되어 있다는 걸 알 수 있어요.

여러분이 앞으로 사회에 진출하기 위해서는 공부가 필요해요. 그래야 사회에 나갔을 때 그 사회의 구성원으로 받아들여져서 인정받고 돈도 벌 수 있어요.

회사에 들어가서도 새롭게 배워야 할 것들이 생겨요. 예를 들어 은행

에 취직했다면 은행 업무를 배워야 하겠지요.

공부는 나 자신을 위해 하는 거예요. 그러니 여러분도 앞으로 배움을 좋아하고 즐기는 멋진 사람이 되기를 바라요.

사이토 다카시

초등 공부 미션 도전!

각 미션에 도전하며 성공한 날짜를 쓰거나 ✓ 표시를 해서 내가 성장한 모습을 확인해 보세요.

학교 교과목 공부 미션

교과목	미션	성공	성공	성공
국어	책을 반복해서 읽기			
	내 의견을 1분 동안 말해 보기			
사회	내가 사는 지역에 관해 알아보기			
	지도 가지고 놀기			
수학	생활 속 수학을 찾아 계산해 보기			
	도형 가지고 놀기			
과학	내 주변에 있는 '전기 찾기 놀이' 해 보기			
	과학자나 발명가 위인전 읽기			
음악	좋아하는 곡의 악보 살펴보기			
	나만의 '애창곡' 연습하기			
미술	마음에 드는 예술가나 작품 찾아 보기			
	작품을 직접 만들어 전시해 보기			
실과	가족과 함께 요리해 보기			
	간단한 바느질 직접 해 보기			
체육	호흡법 익히기			
	좋아하는 운동 찾기			
도덕	주제를 정해 모의 토론 해 보기			
	지금, 세계에서 일어나는 문제에 관해 생각해 보기			
영어	영어 노래 듣고 즐기기			
	3분 안에 내가 좋아하는 것을 영어로 소개해 보기			

창의적 체험 활동	체험한 것을 정리해 글로 쓰기
	정보 통신 기술과 친해지기
학교 자율 활동	반 친구 외에 다른 친구 만들기
	방과 후의 재미있는 계획 세우기

마음가짐 공부 미션

마음가짐	미션	성공	성공	성공
의지력	좋아하는 일에 몰두하기			
	잘하지 못해도 좋으니 시도해 보기			
끈기	'계속 노력하면 할 수 있다.'라는 믿음 갖기			
	실천한 것 기록하기			
준법성	재미있는 규칙 만들어 보기			
	이 세상의 멋진 규칙 찾아 보기			
협조성	내 주장만 하는 '그래도', '하지만' 같은 말 하지 않기			
	다른 사람 칭찬하기			
상상력	100년 후의 미래 그려 보기			
	새로운 것에 네이밍 해 보기			
회복 탄력성	힘들다고 느껴질 때 한 번 더 해 보기			
	기분 전환에 도움이 되는 것 알아 두기			
매니지먼트 능력	식당 예약해 보기			
	요즘 인기가 많은 곳 조사해 보기			
배려심	작은 것의 소중함 생각해 보기			
	식물 길러 보기			
고독력	읽을 책 목록 만들기			
	혼자서도 할 수 있는 놀이 찾기			

열 살부터 시작하는 | 초등 교양 ②
초등 공부 미션 이유를 알고 재미를 찾는 42가지

초판 1쇄 2024년 8월 1일 **글** 사이토 다카시 **그림** 모리노쿠지라 **옮김** 박선정
펴낸이 황인옥 **편집** 김익선 **디자인** 윤연희 **마케팅** 임수진 **영업** 정원식
펴낸곳 나무말미 **출판등록** 제2020-000134호 **주소** 서울시 마포구 월드컵북로 400 5층 24호
전화 0507-1429-7702 **팩스** 0504-027-7702 **인스타그램** @namumalmi_publisher
블로그 https://blog.naver.com/namumalmi_books **이메일** namumalmi_books@naver.com
ISBN 979-11-91827-45-3(74080)
   979-11-91827-43-9(세트)

Original Japanese title: NANDE BENKYO SURUNDAROU?
© 2022 Takashi Saito
Illustration by Morinokujira   Design by TOKYO 100MILLIBAR STUDIO
Original Japanese edition published by Gentosha Inc.
Korean translation copyright © 2024 by NAMUMALMI Publisher
Korean translation rights arranged with Gentosha Inc.
through The English Agency (Japan) Ltd. and Danny Hong Agency

이 책의 한국어판 저작권은 대니홍 에이전시를 통해 저작권사와 독점 계약한 나무말미에 있습니다.
저작권법에 의하여 한국 내에서 보호를 받는 저작물이므로 무단전재와 무단복제를 금합니다.

나무말미는 장마철 잠깐 해가 나서 땔나무를 말릴 수 있는 시간을 뜻하는 우리말입니다.